伝える。

言葉より強い武器はない

栗山英樹

Hideki Kuriyama

KKベストセラーズ

はじめに

批評家は、いつも対岸を歩いている

北海道日本ハムファイターズが、北の大地に根を張ってちょうど10年目となる、2013年シーズンのチームスローガンがこれだ。

「純　ーひたむきにー」

ファイターズの純真な選手たちが、これまで以上に純粋に、ひたむきに野球に打ち込めば、さらに質の高い、観る人を魅きつけるプレーが披露できるはず。その言葉に込められた思いを、僕はそんなふうに捉えている。

スローガンの題字は、年末、テレビ番組の収録で対談させていただいたのがきっかけで、北海道富良野市在住の脚本家、倉本聰《くらもとそう》さんに書いていただくことができた。

その題字とともに球団に寄せられた倉本さんからのメッセージには、ファイターズを応援してくれるすべての人たちの気持ちが凝縮されているようで、改めて身が引き締まった。

「富良野でも毎日〝今日は勝った？　負けた？〟という会話が交わされ、チーム名を言わなくとも通じるほど、ファイターズが生活に根付いています。ファンが見たいのは勝敗を超越した選手達のすがすがしさ。栗山監督のもとで純粋に、ひたむきにプレーする姿を期待しています」

僕は以前から、倉本さんの代表作のひとつである『北の国から』の大ファンで、去年も再放送されているのを目ざとく見つけ、何度も見たシーンに、また感動していた。

あのドラマの台詞は、ひと言ひと言が胸に染み入ってくる。

脚本が素晴らしい、役者も素晴らしい、それはよくわかっているのだが、つい自分の日常に置き換え、どうしたらこんなふうに、選手たちに言葉を伝えることができるのだろうかと、ドラマを見ながら、考えてしまう。

対談させていただいた番組は倉本さんがホストで、扱いとしては僕がゲストということになるのだが、僕にしてみれば倉本さんの話を聞かせてもらうためにお邪魔したようなもので、実際のところ、勉強になることばかりだった。

その中でも特に印象的な、キャンプ中、毎日のように思い出していた言葉がある。

「批評家は、いつも対岸を歩いている」

批評家は、いつも川の流れの向こう側を歩いている。こちら側に立つ、創る側の我々とは、けっして重なることも、交わることもない。批評は誰にでもできるが、どこまでいっても彼らは批評するだけだ。

ドラマや映画、舞台といった創作に命をかけてきた倉本さんの言葉は、胸にグサッと刺さった。

倉本さんには、「監督1年目の君が、まさか優勝できるとは思わなかった」と言われた。

20年以上、プロ野球を批評する立場にいた者、つまり対岸を歩いていた者に、そう易々と「創る側」を、野球でいえば「チーム」を率いることができるとは思わなかった、と。

その点については、こう受け止めている。

たしかに「野球評論家」という肩書きをいただくこともあったが、僕の中には評論していると、批評しているという意識はまったくなかった。現役時代、これといった実績を残すことができなかった、そんな引け目もあったのかもしれない。ただ一所懸命、取材者として得たものを、伝えることが自分の仕事だと思っていた。

だから、立場や肩書きは川の向こう側の人に見えていたかもしれないが、現実の僕の意識はいつもこちら側にあった、きっとそういうことなのだ。

その倉本さんの話を聞いていて、もうひとつ、思い出した言葉があった。

「批評家になるな。いつも批判される側にいろ」

もう6～7年前になるが、NHKのドキュメンタリー番組「プロフェッショナル 仕事の流儀」で、北海道に住む脳神経外科の名医・上山博康《かみやまひろやす》さんが紹介されていた。その上山さんが、生涯の師にいただいた言葉だという。

医療の本質は、患者にとって何が必要かを考え、患者の求めるものを与えること。それを追求するためには、つねに現場に立ち続け、アクティブに仕事に取り組まなければならない。いつも批判される側にいるということは、そういうことだ。

2年目のキャンプを迎え、倉本さんと上山さんの言葉が、何度も頭の中でリフレインした。

右も左もわからずに臨んだ去年（2012年）は、ある意味、経験のないことがプラスに働いた。自分の目で評価することはできても、判断基準がないので批評することはできなかったからだ。

その結果、選手たちの頑張りと、ファンの支えと、そしていくつもの幸運に導かれ、優勝という美酒を味わわせてもらうことができた。それはかけがえのない財産となっている。

では、今年はどうか。

去年を成功体験とするならば、それが唯一の判断基準となり、無意識のうちに去年と今年の比較が始まって、気付けばチームや選手を批評するようになってはいないだろうか。

そうならないためにも、毎日、自分自身に言い聞かせている。

いつも批判される側にいろ。

目次

第2章　伝える言葉。伝える感覚。

第3章 パ・リーグ優勝の真実

第4章　日本一に足りなかったこと

第5章　感謝をこめて

第6章　大谷翔平という夢

第7章　戦うためになにを準備すべきか

栗山英樹　HIDEKI KURIYAMA

1961年4月26日生まれ。東京都出身。創価高校、東京学芸大学を経て、1984年にドラフト外で内野手としてヤクルト・スワローズに入団。1年目で一軍デビューを果たすと、スイッチヒッター、外野手に転向した2年目には29試合に出場。翌86年には107試合、4本塁打、規定打席不足ながら3割1厘とレギュラー級の活躍をみせる。はじめて規定打席に到達した89年にはゴールデングラブ賞を獲得。1990年のシーズン終了後、ケガや病気が重なり惜しまれながらも引退。引退後は、解説者、スポーツジャーナリストとして『報道ステーション』『Get Sports』(ともにテレビ朝日)『熱闘甲子園』(テレビ朝日／朝日放送)などで活躍。わかりやすく、理論的な語り口で人気を博した。また、白鷗大学で教授として教鞭をとるなど、元プロ野球選手としては異色の肩書きを持つ。2011年オフ、北海道日本ハムファイターズ監督に就任。就任1年目いきなりパ・リーグ制覇を果たす。

第1章
監督ってなんなんだろう

監督ってなんなんだろう。
たった1年務めたくらいでは、その輪郭さえまだぼんやりとしたままだ。
それでも最初の1年間は、できるだけ「監督」というものを俯瞰から、
客観的に捉えてみようと心掛けてきた。約20年間、取材者としてやってきた
経験を活かし、取材者の栗山英樹が、対象者の栗山英樹を観察するのだ。
自分自身を見失ってしまうことがないよう、監視してきたといってもいいかもしれない。
その結果をしっかりと考察するのは10年先、20年先になってしまうかもしれないが、
その中で感じたこと、気付いたことを、
いくつか備忘録として書き留めておきたいと思う。

1

野球界はこうだという判断基準を捨てる

現役を引退したあと、ありがたいことに僕は、野球の取材や解説をやらせてもらうだけでなく、大学の教壇にあがらせてもらったり、ときにはバラエティ番組で料理を作らせてもらったり、野球界以外の人たちともたくさんお付き合いをさせてもらってきた。だから、監督になったとき、そこでの経験から学ばせてもらった大切なことは、野球界にも持ち込んでやろうと思った。

野球界が普通じゃない、というわけではないが、そこにはやはり一般社会とは異なる価値観みたいなものも歴然と存在する。でも、社会の中の野球なんだから、野球界でしか通用しない常識っておかしいんじゃないか、と思うこともあった。当然のことながら、野球選手である前に、まずは人としてどうなのか、である。

せっかく現場に戻るチャンスをもらったのに、そこでまた、なにも考えずに迎合してしまったのでは、離れていた20年を否定することにもなりかねない。

そこで一度、「野球界はこうだから」という判断基準を、すべて捨ててみようと考えた。

教えてもできないのは、選手のせいだという考え方がある。だが、プロの門を叩くほどの選手は、誰もが優れた才能や素質の持ち主であるはずだ。それでも教えたことができないのは、できるように訓練させていないから、そう考える。

では、どうしたらできるようになるのか、その持っていき方を考えてあげるのが指導者の仕事なのではないか。世の中の指導者と呼ばれる人にはそういうイメージがあったから、僕もそれを実践してみようと思ったのだ。

はじめに、そうすると決めた。

それが正しいかどうかはわからないが、でも、決めたからには自分自身との約束を破るわけにはいかない。

あとは、とことん続けてみるだけだ。

◆

2 一方通行で愛し続ける「片思い」のようなもの

ある外国の政治家が、自分の仕事をこんなふうに説明していた。

「政治家というのは、自分を殺して、人に尽くすだけの仕事である」

なるほど、と思った。目からうろこが落ちる感覚だった。

それから、その考えが自分の中のベースになった。指導者になるということは、自分のことはどうでもいいから、人のために尽くしきれるかどうかということなのだ。自分にとってプラスかマイナスか、そういった考えがほんの少しでも浮かぶようではいけない、と。

選手になにかを伝えようとするとき、その意図が正しく伝わっているのか、ということはやはり気になる。だが、それを言った自分はどう思われているのか、ということを考え始めては、間違った方向に行きかねない。

良く思われていようが、悪く思われていようが、そんなことはどっちでもいい。大事なのは、相手のことを思って伝えるべきことを伝え、より正確に受け止めてもらうこと、その一点に尽きる。

そのためにも、そこには「自分」という意識は、いっさい持ち込まないほうがいい。監督という仕事はチームの勝利がすべて、選手がよくなったらそれがすべてなのだから。自分にそれができているかどうかはわからないが、そこに向かわなければならない

いまだから言えるが、実は監督を引き受けてから、実際に現場に立つまで、正直、みんなの視線が少し怖かった。選手にどう見られているのだろうか、どう思われているのだろうか、と。20年も現場から離れていたので、いずれ選手たちがそのブランクに不満や、不信を抱くときが来るんじゃないかと思って、心のどこかでおびえていた。

でも、それを気にして自分のやり方が変わってしまうのは、一番まずいと思った。だからいっそのこと、見返りを求めるのではなく、一方通行で愛し続ける「片思い」のようなものだと考えることにした。そうすれば自分も楽になる。

そうしたおかげか、あんなに苦しかった1年なのに、不思議と選手に対して「この野郎!」などと思うことは、ただの一度もなかった。

反対に、勝負の世界に愛情を持ち込んでしまったため、自分の子どもの活躍を見ているようで、すぐに感動してしまうのは、我ながらいかがなものかと思うのだが。◆

3 指導者は「馬」になれるか

「人になにかを教えるとき、心掛けていることはありますか?」

そう、聞かれることがある。難しい質問だ。

そもそも僕は、人になにかを教えようと思ったことがない。

監督になったいまも、選手のためにしてやれることがあるとすれば、自分が持っているものに気付かせてやること、そして、それを引っ張り出してあげること、せいぜいそれくらいのものだ。それは、なにかを教えるということとは違う気がしている。

〝Education〟という英単語があるが、これを「教育」と訳したのは誤りだという意見があるそうだ。本来の概念からすれば「開智」とすべき、つまり「知識を広くすること」と解釈すべきだ、というものである。

それを「教育」と訳してしまったがために、「指導」とも混合されがちだ。

「指導」は、〝coach〟である。

〝coach〟という英単語のそもそもの意味は「馬車」、すなわち乗り物であり、「大切な人を、その人が望むところまで送り届ける」という意味合いから派生して、「指導」にも使われるようになったという。

「教える」のではなく、「送り届ける」。これが僕にはしっくりときている。頭の中に漠然とあったイメージに、とても近い。

指導者が馬、背中の男が選手である。男にはまず手綱の存在に気付いてもらう。男は手綱を取って、馬を操り、まだ見ぬ目的地へと向かう。やがて目的地に到着した男は、その道程で得た自信を糧に、また新たな場所を求め、馬にまたがる。

どこへ向かうか、どう向かうか、その意思を持っているのは男である。馬は手綱から伝わってくる意思を感じ、そのままに道を進む。もし、その道の先に身の危険が待っていることを察知したならば、足を止めて「イヤイヤ」をすればいい。「イヤイヤ」をする馬の様子に、きっと背中の男はなにかを感じてくれるはずだ。

コーチたちにはそんな指導を期待しつつ、僕自身は心の部分で、選手のモチベーションを上げるためにできることをいつも考えている。それが自分の役割だと思っているから。◆

4 先入観は軽く、予備知識は重く

かつて5球団の監督を歴任し、優勝6回、西鉄ライオンズでは3年連続の日本一と黄金時代を築いた名将・三原脩さんは、先入観にとらわれない大胆な采配で、日本の野球界に革命を起こした。

その三原さんに学んだ「先入観を捨てる」という意識は、僕の1年目の采配にも大いに活かされていたと、そこだけは自負している。

そもそも監督1年目の僕には、先入観らしい先入観はほとんどなかった。選手の内面的な部分や日常的な傾向といったデータに現れにくい情報は、熟知したコーチ陣に教えてもらってはいたが、それにもとらわれることはなかった。

あくまでも自分の目に映った選手の動きや調子から判断して、起用法や作戦を決めていく。それが功を奏した面も、多分にあったのではないだろうか。

「先入観は軽く、予備知識は重く」というのは、ヤクルトスワローズを常勝軍団に導いた野村克也さんの教えの基本でもあった。

ここでいう「先入観」と「予備知識」とは、いったいどう違うのか。

先入観は、誤った認識や、妥当性に欠ける評価の原因となる固定観念だ。「このバッターは勝負弱い」とか、「こんな感じのときはいつもダメ」とか、根拠の乏しい決め付けをいう。この先入観によって選手の能力を評価するのは、危険極まりない。

一方の予備知識は、事前に知っておく必要のある知識や情報だ。「このバッターはファーストストライクから積極的に打ってくる」とか、「高めのボール球には手を出さない」とか、これらは対策を講じる上で非常に有効な場合が多い。できる限り、たくさん集めておきたいデータだ。

この両者はきっちりと分けて考えないと、いつか痛い目に遭うことになる。

◆

5

「心のつながり」を侮ってはいけない

北海道移転以来、9年間でリーグ優勝4回、Aクラス7回。ファイターズは、なぜ常勝軍団になりえたのか。僕が監督になって一番感じたことは、選手がみんな、チームのことを第一に考えてくれているということだ。それなくして、去年の優勝はありえなかった。

それは、チームが築いてきた伝統なんだと思う。伝統はたやすく壊れる、ともいわれるが、ファイターズではそれを稲葉篤紀《いなばあつのり》や金子誠《かねこまこと》といったチームリーダーが率先して、体現することで、守られ、伝えられてきた。アメリカに行ってしまったけれど、一年間、キャプテンを務めてくれた田中賢介《たなかけんすけ》は、本当に愛情を持って若い選手たちを叱ってくれていた。

チームが苦しい時期、選手を集めて決起集会を開いてくれたのも賢介だった。

交流戦終了からオールスターまでの約1カ月間、負け越しが続いて、たちまち貯金が減っていった。長いシーズン、チームのモチベーションを高めるのが難しい時期もある。

そんなある日、賢介が、

「監督、僕が選手を集めます」

と、言ってきた。選手たちの間で、短期間の目標を設定して、達成したらみんなでパーッと飲みにいくのだという。

「だから監督、お金を出してください」

そんなことなら、もちろんＯＫだ。実際、そういった目標の達成がかかった試合では、必ずといっていいほど勝った。もちろん選手たちは毎日、必死に戦っているのだが、そういう話題がある日は、特にベンチの空気が明るく、勢い付いて感じられた。プロ野球選手でも、「勝ったら焼肉」みたいなことでチーム一丸となれるのだから、不思議なものだ。

そして、そんな選手たちにすごく教えられたこともある。

プロ野球というのは、例えばイチローが持っている技術とか、糸井嘉男《いといよしお》が持っている身体能力とか、そういった絶対的なもの、圧倒的なものが支配する世界でもある。だけど、やっぱり試合の勝ち負けには、昔からある「心のつながり」や「チームの魂」みたいなものが、すごく影響を与えている。青くさいと思われるかもしれないが、そういうことをファイターズの選手たちには教えてもらった。

評論家の順位予想が当たらないのは、そういった要素がチームの成績を大きく左右するからなんだと思う。どんなに取材に足を運んでも、さすがにそこまで感じ取るのは難しい。

僕もチームの中に入ってみて、はじめてわかった。なるほどな、と。◆

6

いつも「凛として」いられるかどうか

「札幌ドームの監督室って、栗山監督にとってどんな場所ですか?」

そう聞かれて、しばらく考え込んでしまった。

シーズン中は遠征が続くことも多いので、それがひと区切りして、久しぶりに監督室のイスに座ると、「帰ってきた」という気持ちになる。そういう意味では、ホッとする場所だ。だが、ホッとするといっても、リラックスする感覚とは違う。その日もまた試合はあるわけで、けっして肩の力を抜ける場所ではない。

前向きになれる場所、という感覚が近いだろうか。

少し話はそれるが、監督室で考えごとをしていると、いろんなことが頭に浮かんでくる。

ある日突然、こんなことが頭をよぎった。

「織田信長って、誰とどこで、どんな会話をして、いろんなことを決めていたんだろう」

監督室を信長の部屋に見立て、戦国時代、安土城ではいったいどんなやり取りがなされていたのか、想像してみた。魑魅魍魎《ちみもうりょう》じゃないけど、その密室で起こっていることは、ほかの誰にもわからないんだけど、実はそこで決まっていることが、なにかいろんなことを起こしていて、それが歴史になっている。

でも、歴史ってそれでいいのかな、とも思う。三原脩さんも言っていた。

「敗者には美談しか残らない。歴史を残すのは勝者のみ」

歴史は勝者によって紡がれるもので、そこに至ったいくつもの重要な決断は、残すも残さないも彼らの意思に委ねられる。きっと理不尽なことも、いっぱいあったんだと思う。

そんなことまで、ふと浮かぶ、監督室というのは不思議な場所だ。

選手を監督室に呼んで、差し向かいで話をするというのは、かなりレアなケースだ。たいていはグラウンドで、練習中に適当なタイミングでつかまえて、というやり方をする。そのほうが選手も固くならないので、ざっくばらんな感じで話せるから。

わざわざ監督室に呼んだときというのは、当然、お互いに緊張感も出てくるし……。

そんな場所だからこそ、この言葉には実感が伴う。

「凛として」

監督室ではいつも襟を正し、背筋を伸ばして、ものを考えなければならない。そこでの決断は、人ひとりの人生を左右してしまう可能性もあるのだ。

そこで自分が、いつも凛としていられるかどうか。監督室とはそういう場所である。◆

良く思われていようが、
悪く思われていようが、
そんなことはどっちでもいい。
大事なのは、相手のことを思って
伝えるべきことを伝え、
より正確に受け止めてもらうこと。

試合の勝ち負けには、
昔からある「心のつながり」や
「チームの魂」みたいなものが、
すごく影響を与えている。

心はその場の空気に表れる

札幌ドームのベンチはいつも3塁側と決まっていて、座る場所も一番バックネット寄りの後方と同じなのだが、そこから見える景色は、日によって全然違う。チームが連勝中なのか、連敗中なのか、相手は調子がいいのか、悪いのか、今日のお客さんの雰囲気はどうなのか。そんなさまざまな要素でまったく違って見える。

広く感じたり、狭く感じたり、ではない。

どちらかというと、暖かく感じたり、寒く感じたり、という感覚だ。

きっと選手たちの心も含めて、なのだと思う。

勝っているか、負けているかよりも、チーム全体が集中して、ゲームに入り込めているときは、なんとなく暖かく、熱く感じる。グワーッと燃え盛っている感じがある。

対照的に、どことなく冷めている感じもわかる。みんな必死にやっているんだけど、なにをやってもうまくいかなくて、いまにも誰かがヘルメットを叩き付けそうな雰囲気が漂っている。エンピツを指でへし折るような、紙をくしゃくしゃにして投げ捨てるような、そういう空気のときは、妙に冷めた感じがする。

あくまでも僕の感じ方なので、みんなが共感してくれるかどうかはわからないけど。

戦いに集中して、熱く感じているときは、イメージとは逆で、不思議と汗はかかない。

これは、周りがよく見えている状態なのだと思う。コンディションがよくて、思考が働いているから、すごく冷静でいられる。

一方、試合中にダーッと汗をかくのは、「あ、失敗したっ」と思ったときだ。

エンドランのサインが出ていて、バッテリーに外されたりすると、一気に冷や汗が噴き出してくる。そういう感じは何回もあった。で、気付いたら、汗びっしょりになっている。

大げさではなく、こうして思い出すだけで、いまも冷や汗が出てきそうになる。

これはきっと、「監督あるある」だと思う（笑）

◆

8 一瞬たりとも気を緩めることのない必死な場所

選手が、札幌ドームのお立ち台でヒーローインタビューに応えているとき、3塁側ベンチのいつもの場所に座っている僕は、必ずといっていいほど、球場内のどこかのカメラに狙われているようだ。

「また涙ぐんでいた」だの、「今日も感極まっていた」だの、翌日のスポーツ新聞にもいろいろと書かれているのは、もちろんよく知っている。

あのとき、なぜいつもベンチに出て、ヒーローインタビューの様子を眺めているのか。

札幌ドームでは、試合に勝つと、観客席にサインボールを投げ込むのがお約束になっている。そのため、結局ヒーローインタビューが終わったら出て行くことになるので、少し早めに出るようにしている、というだけの話だ。

そうすれば、選手がなにを言っているのか、どんな表情で話しているのか、喜んでいるのか、疲れているのか、そういったことがわかりやすい。つまり、監督が知っておきたい情報収集の場でもあるということだ。

ところで、あのベンチという場所は、皆さんの目にはどんなふうに映っているのだろうか。

取材者時代、僕も試合前のベンチにはよく出入りさせてもらっていた。それが当たり前のようになっていたので、そのことについてあまり深く考えたこともなかった。

それがいまは、はっきりと違う感覚を持っている。

監督を辞めたら、おそらくもう僕は一生、ベンチの中には入らないと思う。

現役時代はそれどころじゃなくて、あまり感じたことがなかったが、本来あそこは、戦っている者以外、なんぴとたりとも足を踏み入れてはならない、神聖な場所なのだと思う。

人生を振り返ってみても、去年ほど必死に声を出したことはないし、あんなに仲間たちと感動を分かち合ったこともなかった。そんな選手一人ひとりの思いや、心のつながりがわかるから、ユニフォームを脱いだあとに足を踏み入れるのは、ためらわれる。

毎日野球をやっていても、一瞬たりとも気を緩めることのない必死な場所。ベンチというのはそういうところなのだ。

◆

9

伝えるには、命を削る覚悟がいる

あんなに早い1年はなかったし、あんなに長い1年もなかったし、あんなにすごい1年もなかった。それが2012年という年だった。

シーズン序盤から、田中賢介にはよく言われていた。

「監督、それじゃ最後までもたないですからね」って。

現役時代の1年の労力を「1」としたら、去年は「100」だった。取材者として20年、それはそれで命懸けでやってきたつもりだが、その20年とイコールのような感じがするくらい、去年1年、本当にいろんなことがあった。

それくらい必死にやらないと、選手たちには絶対に伝わらないと思っていた。

札幌ドームでナイターがあった日は、試合後、まずはメディアの取材に応じ、落ち着いたら監督室でビデオをチェックして、それからシャワーを浴びる。帰宅はいつも深夜になるので、軽くなにかをお腹に入れて、「さぁ、休もう」とベッドに横になるのだが、そこからがいつも問題だった。

野球というスポーツは、1試合の中に分岐点となるシーンがやまほどある。「あのピッチャー交代、もうひとり前で代えていたらどうだったんだろう」とか、「あの2ボール2ストライクからのエンドラン、もう1球待っていたらどうなっていたんだろう」とか、どんなに考えても答えの出ない、架空の延長戦を繰り広げてしまう。

たとえ勝っていても、あまり深くは眠れない。明日勝てるかな、になってしまうので。平均就寝時間は、深夜2時といったところか。命を削るってこういうことなんだろうなと、はじめてそれを実感した。人間、どんなに頑張っても、そこからもう少し頑張れたりするものだが、さすがにこれ以上は無理だ、と。

だから、日本シリーズが終わったら、1カ月くらいは自分が使いものにならないんだろうと思っていた。そこまでやり尽くした感があったから。

ところが、だ。自分のことなんて、わからないものである。

日本シリーズの敗戦から1日経ったら、もう頭の中で、すぐにでもやらなければならないことが、いくつもリストアップされていた。それほど悔しい負けだったということもある。しかし、それにしても、この驚くほどの再起動の早さはなんなのか。やり尽くしたんじゃなかったのか。まったく、監督という生き物はわからない。

本人がわからないのだから、たぶん、誰にもわからない。

◆

10 出し尽くすために、なにをすべきか

球団にとって、「二軍」と呼ばれるファームのシステムを整備することが、いかに重要か。ファイターズはそれがよくわかっているからこそ、そこに力を入れてきた。

11月の中旬、僕はファームの施設がある千葉県の鎌ヶ谷にいた。球団の育成システムの一環で、3日間、若手選手を対象に講義を行うためだ。

参加したのは、高校からの入団ならば5年目まで、大学・社会人からの入団ならば2年目までの選手たちで、少なくとも15人以上はいたと思う。

秋季キャンプと位置付けられるこの期間、選手たちは、午前中は練習に取り組み、午後は合宿所に集合して、毎日約1時間、講義を受ける。

昔であれば、「そんなことより走っていろ」とか、「四の五の言わずにバットを振れ」とか、そんなふうに言われていたような気もするが、いまのファイターズにそれはない。

シーズンが始まるとどうしても勝ち負けや、打った打たないに意識が引っ張られてしまうため、原点を学ぶということが、なかなか難しくなってしまう。だから、集中して取り

組める時期に、しっかりと学ぶ機会を設けておく必要がある。

プロ野球選手である以上、野球の練習を頑張るのはもちろんだが、その前に人として、社会人として、人間力を高めておかなければならない。そして、その人間力を高めることが野球のレベルアップにつながる。それがファイターズの考え方だ。

個々の練習量については、こう捉える。北海道に本拠を構えるファイターズは、ほかの球団に比べて移動時間が長いため、いつでも自主的に練習ができる環境と、それを実践できる個々の意識がないと選手は伸びない。キャンプなのに全体練習は午前中だけというと、とても短く感じるかもしれないが、午後に講義を受けたあと、夕方からまた時間が空く。そこをどう過ごすかで大きな差が出てくるのだ。

若い選手たちには、いつも「自分が持っているものを出し尽くしてほしい」と求めている。持っているものを出し尽くすというのは、実はそう簡単なことではない。出し尽くすために、いったいどれだけのことをやらなければならないか。

しかし、だからこそ誰にでも可能性はあるのだ。

どんなに潜在能力が高くても、それを出し尽くすことができなければ、価値は伴わない。選手の評価は、いわゆる才能だけで決まるわけではないということだ。

スターになるチャンスは、誰にでもある。

◆

11 本業から離れた思考や感性を伝える

日本シリーズが終わったとき、このチームに足りないもの、これから必ず必要になる3つのものをはっきりと感じた。

そこで僕の講義では、それらにつながる話を中心にした。その3つとは、

一、さらに身体の強さを求めること
一、野球脳をさらにレベルアップすること
一、人間力を上げること

ここにいる若い選手たちも、全員、十分に一軍でやれるだけの力は持っている。特に状態が良いときは、間違いなく活躍できる。

では、実際にシーズンを通して一軍で活躍している選手と、彼らはどこが違うのか。それは状態が悪いときに、どういう結果を残せるか。一軍に定着している選手は良いときと悪いときの差が小さく、定着できない選手はその差が大きい。

次に、状態が悪いのはどうしてかを考えてみる。その要因を探るとき、我々が第一にチ

エックするのが生活習慣だ。コンディションを維持するために、栄養、睡眠、休息……、あらゆる面に気を配ることができているかどうか。

そしてもうひとつ、結果が伴わないときには、思考の方向性も重要になってくる。どんなことを意識してプレーするか、その方向性を変えるだけで、間違いなく結果は変わる。

では、思考の方向性が適切ではないとすると、その要因はいったいどこにあるのか。それは人間力にある、そう我々は考える。思考を適切な方向に導くには、豊かな生活を送るための知恵を得て、人としてより成熟することが求められるのだ。

と、導入は少しばかり小難しい話になってしまったが、具体的な内容としては、みんなが知っていそうな企業や商品にまつわる、失敗や挫折から生まれた成功のエピソードなど、野球とは直接関係のない話もたくさんした。

「使い捨てカイロ」を最初に販売したのは、日本の大手お菓子メーカーだった。

袋詰めされたお菓子の酸化を防ぐための脱酸素材の開発中、より効果の大きなものを作ろうとして、原料の鉄粉や活性炭の量を増やす実験をしていたとき、大きな熱が発生した。こんなに熱を持ってしまっては、残念ながらお菓子には使えない。

しかし、開発者のひとりが、ひょんなことからその熱の使い道を思い付いた。それが「使い捨てカイロ」のはじまりだったという。

また、アメリカの大手化学・電気素材メーカーでは、新しい接着剤の開発に取り組んでいた。ある研究者が実験を繰り返し、ようやく開発に成功した試作品をテストしてみたものの、たしかによくつくが、簡単に剥がれてしまう。接着剤としては明らかに失敗作だった。

それから数年もの間、放置されていたが、ある日、仲間の研究者が聖歌本のしおりに使っているのを見て、メモ帳に接着剤を使うというアイデアがひらめいた。やがて商品化されたのが「ポスト・イット」である。

失敗や挫折をしたときほど、その経験の中から成功のヒントを得ることがある。だから思うように結果が出なくても、簡単にあきらめたり、投げ出したりしないでほしい。それを若い選手たちに伝えようと思ったら、たとえが「使い捨てカイロ」や「ポスト・イット」になっていた。

野球選手にも、野球から離れた思考や感性は必要である。彼らには、ぜひそのことを感じてほしい。

◆

12

10年頑張らなきゃいけないと思わない

講義に出席していた中で、特に印象的だったのは、2011年に横浜高校から入団したキャッチャー、近藤健介《こんどうけんすけ》だった。

「人間力を高めなければ野球はうまくならない、この考え方に疑問を持つやつはいるか?」

そう尋ねたら、たったひとり、近藤だけが手を挙げた。

19歳の若さで、たいしたものである。ここで手を挙げられるということは、彼には自分なりの考え方があるということだ。もし、まだその考えがまとまっていないとしても、考えようとする姿勢はうかがえる。意識レベルが高い証拠だ。

そんな近藤には、こう伝えた。

「近藤、そう思っていていい。ただ、もっといろんなことを勉強したら自分のプラスになるんだって、そんなふうに思ってくれればオレは嬉しい」

そして、3日間の講義の最後に、僕はある「禁句」を口にしてしまった。

思えば、1年前はみんなの前でこう言った。

「現役の10年、20年というのは長いシーズンで、オフは休みでもなんでもない、自分の好きな練習ができる期間だととらえてくれ。野球人生が終わったらずっと休めるから」

それに、今年はこう加えた。

「10年、20年、頑張らなきゃいけないとは思わないでくれ。2、3年頑張って、自分のポジションができたら、好きなことができる。ウチのレギュラーを見てくれ。オレは練習もさせないし、好きにさせている。でも、みんな自発的に練習に取り組んでいる。好きなように、好きなだけ練習ができたら、野球なんて楽しくてしょうがないんだから。稲葉だって、日本シリーズのあとに1日だけ休んだら、翌日にはもう練習に出てきた。楽しくてしょうがないから、出てくる。いま、頑張れば、将来が見えてくる。必ずいい人生になるはずだから」

そして、ずっと必死に話していたから、少し興奮していたのかもしれない。最後に、絶対に言わないと決めていた、ある思いを口にしてしまった。

「いいか、野球は学問なんだ。野球学なんだ。だからプロは、野球学の教授にならなきゃダメなんだ」

いまは「休職中」という扱いにしてもらっているが、縁あって、僕は大学の教授という肩書きをいただいている。そんな僕が「野球学の教授になれ」だなんて言い方をしたら、不遜に聞こえてしまうかもしれない。だから、その表現は使わないと決めていた。にも関わらず、なんとか思いを伝えようとするあまり、勢いでそれが出てしまった。でも、たぶん嫌味な感じではなく、言葉通りに伝わった気がする。

野球を学問だと思って勉強して、自分なりのセオリーを身に付けたら、それが人との差別化になって、自信も生まれる。

そしたら、野球がうまくできるようになるはずだ。そのきっかけを作ってあげるのが我々で、勉強するのは選手でしかない。

◆

13 「過程は大事だ。だが結果がすべてだ」

若い選手たちと対話していて、改めて優勝という結果が、チームに、そして僕自身にもたらしてくれたものの大きさを実感していた。

プロセスが大切だということは、誰もがよくわかっている。しかしながら、結果が伴ったことで、はじめて大きな意味を持つものもいっぱいある。

かつて取材で訪れた東京ドームの監督室にあった、読売ジャイアンツの元監督、藤《ふじ》田《た》元《もと》司《し》さんが遺した言葉を思い出す。

「過程は大事だ。だが、結果がすべてだ」

まったく、その通りである。

不思議なもので、一言一句、同じことを言っていても、1年前の僕の言葉と、優勝したあとの言葉では、おそらく説得力がまるで違っているのだ。

もちろん、言葉を発している僕自身のメンタリティが違うということも、それには影響しているのだろうが、それにしても周囲の受け止め方は明らかに変わっている。

そういえば、「栗山、なに言ってるの？」という懐疑的な論調も、随分と控えめになったように感じる。当の本人は、まだ疑わしく思っていることばかりだというのに（笑）。
去年、シーズン終盤に上梓した前著の『覚悟』で、僕はこう書いている。

取材する側は、いつも「答え」を求めている。答えを求めて質問をぶつけ、返答に耳をそばだてる。ところが、そう簡単に答えは見つからない。肝心なことはわからずじまい、というケースが大半だ。みんな答えを隠しているのか。いいや、そんなことはない。どんなに取材したって答えが見つからない理由も、実際に監督を経験してみて、はじめてわかった。そもそも、そこに答えはないのだ。なぜなら、みんな答えを求めて戦っているわけではなく、「結果」を求めて戦っているから。マスコミは「だからこうなった」という答えを欲しがるが、当事者たちにとっては、そんな答えなどどうでもいい。監督や選手が欲しいのは、いつだって結果だけなのだ。

それは監督になって、はじめて気付かされたことだった。
ところが、舌の根も乾かぬうちに、といった感じではあるが、僕はまた取材者の頃のように「答え」を見つけなければならない、そう考え始めている。

まずは、優勝という結果が出た。

だがその要因を、いまはまだはっきりと言いきることはできない。

それが不安なのだ。

「結果オーライ」という言葉もあるが、それだけで片付けてしまっては、次の戦いに臨むにあたっては、あまりにも心許ない。

優勝という結果がもたらしてくれたものの大きさを感じているからこそ、いまはその答えがほしいのだ。

◆

失敗や挫折をしたときほど、
その経験の中から成功のヒントを得ることがある。
だから思うように結果が出なくても、
簡単にあきらためたり、
投げ出したりしないでほしい。

第2章

伝える言葉。伝える感覚。

言葉より強い武器はないと思っている。
たったひと言で、ものすごく前向きにもなれるし、
反対にどうしようもないほど後ろ向きになってしまうこともある。
言葉をどう伝えるか、それは僕にとって最大のテーマのひとつでもある。

14 選手とは仲良くしない

監督なんだから当たり前だと思われるかもしれないが、僕は意識的に、選手と必要以上に仲良く接することは避けるようにしている。

取材者時代、あまり構えずに本音を話してほしいという思いから、親子ほど歳が離れている若い選手にも、どこか友達っぽく接してしまうところがあった。それが染み付いているので、いまも普通に話していると、どうしても監督と選手の距離感ではなくなってしまうという心配があったからだ。

選手にとっての監督は、それなりに怖さのようなものがあったほうがいい。

チームにおいて監督は、選手に一所懸命やってもらうための大切なカードでもあるのだ。そのせっかくのカードが、本当は「ジョーカー」だったはずなのに、やや迫力に欠ける「ハートの3」みたいな存在になってしまったら、それはやっぱり残念だ。

それでも周囲には、選手とよくコミュニケーションを図っている印象を持たれているようだ。これを話すと意外に思われるのだが、例えば中田翔、彼とはシーズン中、ほとんど会話らしい会話をしなかった。

中田本人もインタビュアーからそのあたりのことを聞かれて、

「監督とはなにも話していません。監督はなにも言わない。でも、だから信用できるんです」

と答えていた。

実際のところ、シーズンを通して、中田に掛けた言葉といえば、

「さぁ行くぞ！　翔」

「頼むな！　翔」

くらいしか思い出せない。

中田には余計なことを考えさせたくないから、あまり言わないだけなのだが、もしそのことで、監督は自分のことを信用してくれている、と彼が感じてくれているとすれば、それはとても嬉しいことだ。

◆

15 毎朝、自分からあいさつをする

選手とは仲良くしないといっても、あいさつをされても目を合わせないとか、そういった意味ではない。

むしろあいさつは、自分からしようと決めている。

どこの世界にも言えることだが、朝のあいさつはとても重要なものである。グラウンドに出ていったとき、できるだけ笑顔で、明るく「おはよう」と声を掛ける。それだけでなにかが前に進むような気がする。

よく「あいつ、あいさつもなかった」などという話を耳にするが、

「それ、自分であいさつすればいいだけのことでしょ」

と僕は思っていて、自分はそれをやると決めている。

なにより、その「おはよう」のひと言を発するだけで自分の心持ちが違ってくる。言葉を掛けた側も、掛けられた側もそれで前向きになれる。あいさつなんて、とても簡単なことなのに、それにはものすごい力がある。

そういえば、長年一緒に、テレビ朝日の『GET　SPORTS』というスポーツ番組をやらせてもらっていたナンチャン（ウッチャンナンチャンの南原清隆《なんばらきよたか》さん）も言っていた。いわく、人間関係のトラブルの、実に6割はあいさつが原因らしい。あいさつがあった、なかったから関係がこじれ、トラブルに発展するケースがそれほど多いというのは、あながち大げさな話でもなさそうだ。

考えてみれば、1年のはじめには「あけましておめでとうございます」と、みんな必ず新年のあいさつをする。なのに、1日のはじめの「おはようございます」は、ともすればおろそかになりがちだ。それはいかがなものだろうか。

ファイターズの選手たちには、いつも、

「明日はいいから、今日だけは全力を尽くそう」

と言ってやっている。

そのためにも、毎日が開幕戦だと思って、元気に「おはよう」から1日を始めなければいけない。その短いひと言だって、必ずなにかのメッセージにはなるはずだから。

特に負けが続いているときは、明るく笑顔で練習してくれと、選手たちに言っていた。みんな苦しいのはよくわかるが、苦しがっていてもなにも変わらないんだから、だったら元気を出してやろう、明るく今日も頑張ろうぜって。

ケガ人が多くなってくると、眠れない夜が続いて、僕の顔もひどくむくんでいたと思う。そんな日は、無理をしてでも「おはよう」と声を張り上げる。

ただ、いつもと変わらずに、と思っているのは自分だけで、もしかしたら選手には、「あれ、今日の監督のおはよう、いつもと感じが違うぞ」と思われていたかもしれないけれど。

朝、グラウンドに出ていったとき、自分からみんなに「おはよう」と声を掛ける。なんということはない、簡単なことから始めてみようと思っただけなのだ。簡単なことなら、きっと続けられるはずだという単純な発想だ。

朝のあいさつくらい、毎日できる。

大切なことを、できることからきちんとやってみる。そうしていれば、やがてなにかが変わってくるかもしれない、そんなふうに考えている。

◆

16

言葉にとって重要なのは「天」と「地」

　クライマックスシリーズが始まる前日の練習で、稲葉に声を掛けられた。

「監督、明日、何か言ってくれるんですよね？」

　選手を集めてなにか言うべきか、それとも特別なことをする必要はないのか、まさしくそれを考えていたところだったので、ちょうどいいタイミングだった。

「言ったほうがいいかな？」

「お願いします」

　ピッチャーのクセを見破る稲葉の洞察力にはいつも感心させられるが、監督の雰囲気を察することにかけても相当なものだ。後日、偶然見掛けた北海道のテレビ番組で、そのときのことを稲葉はこう話していた。

「監督が一瞬迷っているような感じだったから、お願いしますって僕も言ったんです。そのほうが絶対にチームも、我々もやりやすくなると思ったから」

　シーズン中は、交流戦が終わったところで選手を集め、後半戦が始まるときにもう一度集めたが、それ以降は一度も集合させることはなかった。集めれば集めるほど、それに慣れてしまって効果がなくなるというのもあったし、みんな一所懸命やっているのはわかっていたから、だんだんとこっちが言うこともなくなってくる。

稲葉のひと言で「よし、集めよう」となって、選手全員が一番集まりやすいという、ウォーミングアップ前の時間帯、スタッフに集合を指示してもらった。

そして、いざ、全員集合したまでは良かったのだが、集められたところが記者にも丸聞こえの場所だった。よりによってこんな場所じゃなくても……、とは思ったものの、いったん集まった選手を移動させるのもなんだし、「監督、ビビッてる」と思われたら癪《しゃく》なので、そこで話すことにした。

「緊張するに決まっているので、緊張してやってくれ。結果は別にして思いきりやってくれ。その瞬間、瞬間で力を出しきってほしい。攻め続けよう」

って、全部、記者に筒抜け……。

それはともかく、なんでそう言ったのかというと、クライマックスシリーズのファーストステージ、ライオンズ対ホークスの試合を見ていて、ある若手選手の様子が気になったからだ。

いつもは初球から打っていく積極的なバッティングが持ち味の男が、極度の緊張からか、明らかにバットが出ていなかった。あれだけは避けたかった。思いきってやっていい。緊張して、いつもできることができないなんて、ありえない。

もうひとつ、表現については、清水雅治《しみずまさじ》外野守備走塁コーチに言われていたことがある。

「責任を取る、という言葉は使わないでほしい」

監督が責任を取るということは、つまり負けたら辞めるということにほかならない。それは選手たちも苦しめることになる。

たしかにそうかも知れないと思い、「結果は別にして」という表現を選んだ。勝敗はこっちが請け負う、というメッセージを伝えたつもりだ。

「攻め続けよう」というのは、ひるむなということ。それで負けたら本望だった。

このときは、事前に集合を伝えてあったが、あまりみんなに強く意識させると、言葉が重くなりすぎる可能性もあるので、さりげなくやったほうがいいケースもある。

言葉にとって重要なのは、まさしく「天」と「地」だと思う。

それをいつ言うか、どこで言うか。

天の与えるタイミングを得て、最もふさわしい場所で発する。それがものすごく重要な気がする。自分がうまくできたとは思わないが、そういうことが大きな影響を及ぼすくらい言葉というのは繊細で、力のあるものなのだと思う。

17 言葉に学ぶということ

10年ほど前から、車の中でいつも聞いていたCDがある。

青春の懐メロとか、流行歌とか、そういった類ではなく、僕がずっと勉強したいと思っていた先人の知恵を、読み聞かせたり、わかりやすく解説したりしているものだ。

本ならともかく、世の中にそんなCDがあるのかと、驚かれる方も多いかもしれないが、実際、売り物になっているということは、それなりに需要はあるということだ。

具体的に例を挙げると、こんな感じだ。


『韓非子《かんぴし》』……中国、戦国時代末の思想家である韓非の言説を集めた書。春秋戦国時代の社会、思想の集大成とされる。

『孫子《そんし》』……中国、春秋時代の思想家である孫武《そんぶ》の作とされる兵法書。古今東西の兵法書のうち最も著名なもののひとつ。

『菜根譚《さいこんたん》』……明の時代の末に著された古典のひとつ。中国では長く厳しい乱世が多くの処世訓を生んだが、その中でも最高傑作のひとつとされる。

『貞観政要《じょうがんせいよう》』……唐朝の第2代皇帝で、中国史上最高の名君のひとりと称えられる太宗《たいそう》の言行録。古来より帝王学の教科書とされてきた。

これらのCDは10年ほど前から聞いていたものの、所詮、車の中で流していた程度だから、それほど真剣に勉強しようとしていたわけではない。

それを、集中して聞き直そうと思ったのは、やはりファイターズの監督を引き受けることを決心してからだった。

車の中ではなく、部屋できちんと聞き直してみた。

すると、これまで聞いていたものとはまるで別物に感じられるほど、先人の教えに何度となくうなずかされた。いままではあまり気になっていなかった、まったく気にもとめなかった言葉までもが、どれも心に響いた。

中でも、いまや「座右の書」ならぬ「座右のCD」となっているのが『言志四録《げんししろく》』だ。

『言志四録』は、江戸時代末期の儒学者である佐藤一斎《さとういっさい》という人物が、人生半ばから約40年にわたって記した4つの書の総称で、指導者のためのバイブルとされ、現代まで長く読み継がれている。愛読した指導者としては、あの西郷隆盛などが有名だ。

4書はそれぞれ、42歳から53歳までに執筆された『言志録』(全246条)、57歳から67歳までに執筆された『言志後録』(全255条)、67歳から78歳までに執筆された『言志晩録』(全292条)、80歳から82歳までに執筆された『言志耋録《げんしてつろく》』(全340条)で、全1133条が収められている。

僕が所有しているCDセットは、「企業再建の名人」といわれた井原隆一《いはらりゅういち》さんの「言志四録に学ぶ経営学、人間学」と題した講義をもとに再構成されたもので、解説テキストも付いている。だが、車の中でそれを読むはずもなく、CDとテキストを照らし合わせてみるようになったのは、やはり本気で学ぼうという意識になってからのことだ。

ではここに、僕が心に留めている『言志四録』の中の言葉をいくつかご紹介しよう。

立志《りっし》の功《こう》は、恥《はじ》を知《し》るを以《もっ》て要《かなめ》となす。

(言志録七)

【意味】志を立てて成功するには、恥を知ることが肝要である。恥をかいて、屈辱を受けることが、発奮を促し、自らを成長させるのだと解釈できることの言葉だが、解説テキストの中では、井原さんがこんなヒントをくれている。

「人との約束は守るのが当たり前。しかし、自分との約束はなかなか守れない。自分との約束を破るのは、自分に恥じることです。しかし、この自分を恥じることが、自分を成長させてくれるのです」

そこで僕は、自分との約束を破ることこそ一番の恥だと考え、それだけは守ろうと心に誓った。監督1年目の元日、自分との約束をノートに記したのは、そういう理由からである。

愛悪《あいお》の念頭《ねんとう》、最《もっと》も藻鑑《そうかん》を累《わずら》わす。

（言志録四〇）

【意味】好き嫌いという考えが頭にあると、人物鑑定を間違えるもとになる。

僕が以前より、三原脩さんや野村克也さんに学んできた「先入観」に対するものの考え方は、「好き嫌い」という言葉に置き換えてみると、より日常生活にも当てはまりやすいのではないだろうか。

客観的なデータは検討材料にすべきだが、そこに好き嫌いという感情的なものを持ち込んでしまうと、どうしても人を見誤るケースが出てきてしまう。人を起用し、配置する立場にある場合、特にそれは禁物だ。

プロ野球では対戦相手の選手を評価するときにも、それは気を付けなければならない。選手の好き嫌い、つまりやりやすい相手か、やりにくい相手か、それを主観的に捉えていると、致命的な判断ミスの原因になりかねないからだ。

ちなみに去年、ファイターズのスタメン（打順）は、実に93通りもあったらしい。その数字を聞いたときは、そんなにいっぱいあったのかと、さすがにちょっと驚いた。レギュラーシーズンの144試合で93通りだから、かなり頻繁に組み替えていたことになる。

打順については、前後のバッターの考え方がわかりやすいので、本当は固定したほうが選手はやりやすいはずだ。だが、打順が変わることで、良い意味での緊張感が生まれたり、役割が変わることで、なにかが打開できたり、メリットも少なくないと考えている。

それらを踏まえた上で、この選手は1番タイプだとか、2番タイプだとか、そういった先入観を捨てて、積極的に組み替えた結果が、93通りという数字になったということだ。

およそ教《おしえ》は外《そと》よりして入《い》り、工夫《くふう》は内《うち》よりして出《い》づ。内《うち》よりして出《い》づるは、必《かなら》ずこれ外《そと》に験《ため》し、外《そと》よりして入《い》るは、まさにこれを内《うち》に原《たず》ぬべし。

（言志後録五）

【意味】知識は外から入ってくるもので、工夫は自分の内から出るものである。内から出たものは外で試して、検証すべきであり、外から得たものは、自分なりに正否を検討すべきだ。

解説テキストには、同義の教えがいくつか紹介されている。

中国の春秋時代の思想家である孔子《こうし》と、その弟子たちの言行を記録した『論語』には、「学びて思わざれば即《すなわ》ち罔《くら》し。思いて学ばざれば即ち殆《あや》うし」という言葉がある。「学んだことは考えてみる、自分で考えたことは知識を補いなさい」ということだ。

また、明の時代の思想家である王陽明《おうようめい》は「知行合一《ちこうごういつ》」を唱えた。「知識と行為は一体である。真に知ることとは、行うことである」というものだ。

学んだら、考えてみる。考えたら、実行してみる。その先にしか答えはない。

春風《しゅんぷう》を以《もっ》て人《ひと》に接《せっ》し、秋霜《しゅうそう》を以《もっ》て自《みずか》ら粛《つつし》む。

（言志後録三三）

【意味】春の風のような和やかさをもって人に接し、秋の霜のような厳しさをもって自らを規正する。

これは、ファイターズという球団が選手に求める、人間力の一例だと思っている。自分の感情や気分を抑えて、人に和やかに接するにはどうしたらいいか。またその一方で、いかに自分を厳しく律するか。それには自己の形成や、人格を高めることが求められる。

そして、それが野球の上達にも結び付くのだ。

少《しょう》にして学《まな》べば、即《すなわ》ち壮《そう》にして為《な》すことあり。壮《そう》にして学《まな》べば、即《すなわ》ち老《お》いて衰《おとろ》えず。老《お》いて学《まな》べば、即《すなわ》ち死《し》して朽《く》ちず。

（言志晩録六〇）

【意味】少年時代に学んでおけば、壮年になってから役に立ち、何事かを成すことができる。壮年のとき学んでおけば、老年になっても気力が衰えることはない。老年になって学んでいれば、知識も一層高くなり、社会の役に立つこともできるから、死後もその名が朽ちることはない。

年齢を問わず、学び続けるのは大事なことだという言葉である。学問には限りがないので、ここまで学んだから十分だということがない。

解説の井原さんは、学問を「頭の食事」と考えるといい、と教えている。胃袋を満たすために食事をする。それと同じように、頭の中を満たすため、知識を得るために学問をする。学問を続けていれば、頭が空腹にならない。また、老化防止にもなるし、生きがいにもなる、ということだ。

1年でも長くプレーしようと思えば、プロ野球選手も学び続けなければならないのだ。

人《ひと》おのおの長《ちょう》ずる所《ところ》あり、短《たん》なる所《ところ》あり。人《ひと》を用《もち》うるにはよろしく長《ちょう》を取《と》りて、短《たん》を舎《す》つべく、自《みずか》ら処《しょ》するにはまさに長《ちょう》を忘《わす》れて以《もっ》て短《たん》を勉《つと》むべし。

（言志晩録二四四）

【意味】人にはそれぞれ、長所と短所がある。人を使う場合、その長所だけを見て、短所は見ないようにするのがよい。しかし、自分がなにかをなす場合には、自分の長所は忘れ、短所を改め、補うように努力すべきである。

人の長所と短所については、いつも考えさせられることが多い。

ある人に、こんな言葉をいただいた。

「クソ生意気なやつの〝クソ生意気〟を全部否定してしまってはダメだ。〝クソ〟だけ取り除いてやればいい」

〝クソ生意気〟は短所だが、そのクソを取り除いてやれば、〝生意気〟は長所にもなる。もし、クソが取れて化けたときには、チームを大きく変えられる存在になるかもしれない。

〝クソ生意気〟なやつのポテンシャルは、えてして高いものだ。

教《おし》えてこれを化《か》するは、化《か》及《およ》び難《がた》きなり。化《か》してこれを教《おし》うるは、教入《おしえい》り易《やす》きなり。

（言志耋録二七七）

【意味】まず教えてから感化しようとしても、感化するのはなかなか難しい。しかし、最初に感化しておいてから教えるようにすると、容易に教え込むことができる。

プロ野球でいえば、コーチが身をもって範を示し、選手を自然とその気にさせる。頭ごなしに指示するよりも、そのほうがはるかに効き目があるということだ。

僕がコーチに、なによりも愛情や情熱といったものを求めるのは、それが選手を感化するために最も必要な要素だと考えているからだ。愛情をもって感化しておけば、技術や戦術を指導するのは、それからでもけっして遅くはない。

◆

言葉にとって重要なのは、
まさしく「天」と「地」だと思う。
それをいつ言うか、どこで言うか。
天の与えるタイミングを得て、
最もふさわしい場所で発する。
それが重要な気がする。

〝クソ生意気〟は短所だが、
そのクソを取り除いてやれば、
〝生意気〟は長所にもなる。

18 いま、読むべき本と偶然出会う確率は低い

ここから少し、「本」のことを書いてみたい。

僕は「本の確率の悪さ」というものをずっと感じてきた。年間、何冊の本が世に出ているのかは知らないが、その中から、いま本当に自分が読むべき本と出会う確率は、天文学的数字とまでいかなくとも、かなり悪いと思っている。何かを学びたい、吸収したいと思っていても、それらしき本を片っ端から読んでいったのでは、あまりにも効率が悪すぎる。

一冊10分で読みきれるならまだしも、僕はそんな特殊な能力を持ち合わせてはいない。だから新聞の書評欄など、そのたぐいの情報にはいつもアンテナを張っている。

雑誌の書籍特集などは、すぐに目が留まる。

特に『プレジデント』や『東洋経済』といった経済誌の特集はかなり参考にさせてもらっていて、どこそこの○○社長の「私の一冊」、などとあると、僕の購入率はぐっと高くなる。やみくもに手に取るより、それぞれの分野でしっかりと実績を残してきた人たちが薦める本を読んだほうが、確率は高いに決まっているからだ。

◆

19 人の育て方・接し方は、自然の法則に当てはまる

数年前、「100人の社長が薦めるこの一冊」といった感じの特集があった。

その中で、数人の社長が薦める一冊が気になった。

『木のいのち木のこころ』（新潮社）という本で、飛鳥時代に創建され、世界最古の木造建築とされる法隆寺の修繕、解体を代々受け継いできた「法隆寺大工」の最後の棟梁となった人物、西岡常一《にしおかつねかず》さんの著書だ。

1934年から20年以上かけて行われた「昭和大修理」において、わずか27歳の若さで棟梁を務めた西岡さんは、その妥協を許さない仕事ぶりで「法隆寺の鬼」と呼ばれ、以降、法輪寺三重塔の再建や、薬師寺金堂の再建なども手掛けた。

この本は、亡くなる3年前に語りおろしたものとされ、西岡さんの口調をリアルに想像させる話し言葉で、伝統の技と知恵の極意を伝えている。

中でもとりわけ感銘を受けた箇所を、いくつか引用して、ご紹介したい。

『木は生育の方位のままに使え』というのがあります。山の南側の木は細いが強い、北側の木は太いけれども柔らかい、陰で育った木は弱いというように、生育の場所によって木にも性質があるんですな。山で木を見ながら、これはこういう木やからあそこに使おう、これは右に捻れているから左捻れのあの木と組み合わせたらいい、というようなことを見わけるんですな。

癖というのはなにも悪いもんやない、使い方なんです。癖のあるものを使うのはやっかいなもんですけど、うまく使ったらそのほうがいいということもありますのや。人間と同じですわ。癖の強いやつほど命も強いという感じですな。癖のない素直な木は弱い。力も弱いし、耐用年数も短いですな。

千年の木は材にしても千年持つんです。百年やったら百年は少なくても持つ。

やっぱりたった一本の木でも、それがどんなふうにして種が播かれ、時期が来て仲間と競争して大きくなった、そこはどんな山やったんやろ、風は強かったんやろか、お日さんはどっちから当たったんやろ、私ならそんなことを考えますもんな。

それで、その木の生きてきた環境、その木の持っている特質を生かしてやらな、たとえ名材といえども無駄になってしまいますわ。ちょっとした気配りのなさが、これまで生きてきた木の命を無駄にしてしまうことになるんやから、われわれは十分に考えななりませんわ。

自分で育てたものは無駄にしませんし、植物は育てるのにえらく手間やら時間やらがかかるんです。また手をかけただけ大きくなるんですな。そして、植物が育っていく。その一つ一つの段階にそれなりの歴史があるんです。』

監督になる前に読んでおいて、本当に良かったと思う一冊だ。

監督就任が決まってから、久しぶりにこの本を読み返し、「木」や「植物」を、「人」や「選手」に置き換えてみた。

「南で育った選手は細いが強さがある。北で育った選手は太いが柔らかさがある」

「癖が悪いものだとは限らない。癖のある選手を使うのはやっかいだけど、うまく使ったらそういう選手のほうがいいということもある。要は活かし方次第」

「生きてきた環境、持っている特質を活かしてやらなければ、素晴らしい才能を発揮させてやることはできない。ちょっとした気配りのなさが、才能を台無しにしてしまうこともある」


「人を育てるには手間や時間がかかる。また手をかけただけ大きくなる」


まったく同じじゃないか、そう思った。

「人」や「選手」の育て方、彼らとの接し方も、棟梁が伝える自然の法則にすべて当てはまる。「木」や「植物」と同じく、みんな自然の中で活かされているんだということに、改めて気付かされた。

以来、この『木のいのち木のこころ』は、僕の座右の書となっている。

◆

20

ベスト10を大人買いする

2012年の年末だっただろうか。ある日届いたメールマガジンは、紀伊國屋書店からのものだった。僕は紀伊國屋カードを持っていて、アドレスを登録しているので、こういったメールが定期的に届く。その中に「キノベス」というあまり見慣れない単語があった。読んでみると、「紀伊國屋書店スタッフが全力でおすすめするベスト30」

それが「キノベス！2013」だという。

1位から順にタイトルを見ていくうちに、俄然、読書欲が沸きあがってきた。

1位『ふくわらい』西加奈子（朝日新聞出版）／2位『きみはいい子』中脇初枝（ポプラ社）／3位『64』横山秀夫（文藝春秋）／4位『楽園のカンヴァス』原田マハ（新潮社）／5位『火山のふもとで』松家仁之（新潮社）／6位『社会を変えるには』小熊英二（講談社）／7位『式の前日』穂積（小学館）／8位『屍者の帝国』伊藤計劃×円城塔（河出書房新社）／9位『きょうのごはん』加藤休ミ（偕成社）／10位『13

7億年の物語』クリストファー・ロイド、野中香方子（文藝春秋）

さすがに30冊には手が出なかったが、とりあえずベスト10の作品はすぐにまとめて近所の書店に注文した。大人買いというやつだ（笑）。

まずは、早速1位に選ばれていた西加奈子さんの『ふくわらい』を手に取った。キャンプインに向け、沖縄入りするまさに前日のことだ。まだ準備も少しだけ残っていて、状況的には、ゆっくりと本を読んでいる場合じゃなかったのだが、読み始めて間もなく、これは何かプラスになるかもしれないと感じ、それから数時間で一気に読み終えてしまった。

この作品と出会えて良かった。

随所にギョッとする描写が出てくるが、作品全体に横たわる深いメッセージに、とても考えさせられるもの、そして大いに感じるものがあった（もし、いったん読み始めたけど、ギョッとする描写にひるんでしまったという方がいらっしゃったら、ぜひ最後まで読んでいただくことをオススメしたい。ギョッとする描写にひるんで読むのをやめてしまうと、ただのゾッとした作品ということになってしまうので）。

もしかしたら、こういったランキングの順位は、作者にとってはあまり重要ではないのかもしれないが、たしかに1位に選ばれるだけの作品だと、納得させられた。◆

21

本で伝える──田中賢介に渡した3冊──

2012年、シーズンが始まってまだ間もない頃に、キャプテンの田中賢介に3冊の本を渡した。もし良かったら、くらいの軽いニュアンスだったが、どうやら賢介は全部しっかりと読んでくれたらしい。感想を聞いていると、僕の伝えたかったことはだいたい感じ取ってくれている、そんな印象を受けた。

その3冊のうち一冊は、先ほど紹介した『木のいのち木のこころ』。

そして、それを知った雑誌の特集で一番多くの社長が推薦していた『論語と算盤』。日本の資本主義の父といわれる渋沢栄一《しぶさわえいいち》さんの著書で、「利潤と道徳を調和させる」という理念は、プロ野球の世界にも置き換えられるすべての原点のようにも感じた。そこで、チームリーダーに指名した賢介にも薦めたというわけだ。

さらにもう一冊、これはベストセラー小説で百田尚樹《ひゃくたなおき》さんの『永遠の0』。戦時中の特攻隊をテーマに扱った作品で「家族を守る」ということを深く考えさせられる作品だった。

ここであらたまって申し述べることでもないが、僕は独身である。よって、奥さんとか子どもとか、人生の道中で得た、守るべき家族がいない。だから、家族のことを思う気持ちを忘れないようにしたい、そういう意識が人一倍強いように思う。

映画にしても、DVDにしても、僕は泣けそうな作品を積極的に選ぶ傾向にある。それも家族愛が描かれた作品が多い。それは、そういった理由からだ。きっと自分に欠けているものを補おう、補おうとする意識が働いているのだと思う。心のどこかに負い目のようなものがあるのかもしれない。

キャンプの休日前夜とか、少し夜更かしできるときは部屋でDVDを観ることもあるのだが、今年は『ALWAYS　三丁目の夕日'64』を観て、ひとりで感動していた。

「ああ、うちの親父もこうだったな～」って（笑）。

また、僕はああいった作品をフィクションとはとらえていない。それは長年、テレビ番組作りの現場の、末席に居させてもらった経験が影響しているのかもしれない。作りものなんだけど、どれも実際にあった出来事のように受け止めている自分がいる。

監督にしても、脚本家にしても、役者にしても、作品に携わる誰かの実体験がベースにあって、そこから一番伝えたいメッセージを、一番わかりやすく表現してくれているだけなんだって、そんなふうに思っている。ある種、それはドキュメンタリーを観ているような感覚なのだ。

◆

22

感覚を「言葉化」する

前にも書いたように、「人として、社会人として野球選手を成長させる要因」というテーマで、若手選手を対象に3日間に渡って講義をした秋季キャンプだが、野球の話をまったくしなかったのかというと、もちろんそんなことはない。

例えば、まだ記憶に新しい日本シリーズから、ひとつ話題を持ち出した。ジャイアンツがランナーを1塁に置いた場面で、3ボール1ストライクというカウントからエンドランを仕掛けてきた、その考え方についてだ。

「パ・リーグの野球には、あまりない考え方かもしれない」

という僕なりの所見を述べたら、2年目の西川遥輝《にしかわはるき》がそこに引っ掛かったようだ。

「どうしてセ・リーグにはあって、パ・リーグにはないのだろうか」

いかにも素直な疑問だ。

そこで、ミーティングが終わったあと、西川を呼んで、さらに詳しく話をした。

パ・リーグにはあまりない、それはなぜか。

3ボール1ストライクは、バッターに有利なカウントである。ピッチャーは歩かせたくなければストライクを投げざるをえなく、一方のバッターには、黙って1球見送る余裕がある。

だが、そこでエンドランのサインが出たら、どうだろう。見逃せばフォアボールという明らかなボール球でも、バッターは振ってしまう可能性がある。3ボールからのエンドランには、そういうリスクがあるのだ。それを嫌ってか、パ・リーグでは2ボール1ストライクからの仕掛けが多いような印象を受ける。

では、それがわかっていながら、どうしてジャイアンツは、3ボール1ストライクからエンドランを仕掛けてきたのか。それにはおそらく原辰徳《はらたつのり》監督の感覚に加え、セ・リーグはピッチャーが打席に立つ、という背景も影響しているはずだ。

指名打者制を採用しているパ・リーグと違い、セ・リーグでは下位打線に差し掛かったところでランナーが出ると、どうしてもピッチャーに打順が回ることを意識してしまう。ヒット1本でランナーが還ってこられる2塁は得点圏、いわゆる「スコアリングポジション」とされているが、ランナー2塁でピッチャーが打席に入ると、なかなか得点につながるイメージは持ちづらい。

だから、ピッチャーに打順が回るまでに、できればランナーを3塁まで進めておきたい。

そうすれば、2アウトでなければスクイズという選択肢も増える。

それには、ランナー1塁から、成功すれば1、3塁と一気にチャンスが広がるエンドランは、非常に有効な作戦のひとつだ。

そして、3ボールというカウントになれば、ピッチャーがストライクを投げてくる可能性は極めて高い。それに応じて、エンドランが決まる可能性も高くなると考えられる。リスクはあるが、けっして確率が悪い選択ではないというわけだ。

そういった背景もあって、セ・リーグでは3ボールでも動きたくなるのだろう。

西川には、最後にひと言付け加えておいた。

「でも、来年はウチもやるかもしれないよ」

大切なやり取りだったと思う。

野球というスポーツにおいて、どういう状況でなにを選択するかは、最終的には人それぞれだ。だからこそ、そこに疑問を持つことが大事なのだ。

そして、その感覚を「言葉化」しておくことも重要だ。

「言葉化」しておかないと、自分が苦しくなったとき、感覚だけでやっていたら戻れなくなってしまうかもしれないから。
◆

23 感覚でしか伝えられない本質もある

「言葉化することが重要」と言ったそばから、矛盾するように感じられるかもしれないが、もしかしたら野球って、言葉で伝えようとするから、本質が伝えきれていないことって、いっぱいあるのかもしれない。

わかりやすい例が、ミスタープロ野球・長嶋茂雄《ながしましげお》さんの指導だ。

「ピシッとして、パーンと打つ」

「腰をグーッと、ガーッとパワーでプッシュして、ピシッと手首をリターン」

「ビューと来たら、バーンだ」

その感覚は、唯一、擬音でしか伝えられないものなのかもしれない。言葉で動きを説明しようとすると、聞いたほうが頭で理解しようとして、身体がうまく反応してくれないということもある。感覚をより正確に伝えるには、「カーン」じゃなきゃいけないことって、やっぱりあるんじゃないだろうか。

そう考えると、ミスターがどうしてすごかったのか、もっとわかるようになる。

世界の盗塁王・福本豊《ふくもとゆたか》さんにスタートの極意を尋ねたときも、こんな説明をされた。

「パッと出る」

わけがわからないと思いつつも、「そうか、パッと出ればいいのか」と、妙に納得するところもあった。たしかにその感覚を、ほかのどんな言葉で表現しろというのか。

テレビで野球を伝える立場にあったときは、そんな長嶋さんや福本さんのような超一流ならではの感覚を、一般になじみのある言葉を使って、よりわかりやすい表現で伝えることを第一に心掛けていた。

だが、こうして野球の現場に戻ってきて、いま、当時とは違った感覚も持ち始めている。

プロセスは大切だとするその一方で、とにかく結果がすべてだという考え方もあるように、わかりやすく「言葉化」することはとても重要だが、頭ではちょっと理解に苦しむ、感覚的なものもこの世界には必要なのではないか、と。

アプローチの方法はひとつではない。

それもまた、大事な学びのひとつであった。

◆

24 いつも感覚を研ぎ澄ませる

詳しいことはまたあとで述べるが、日本シリーズではジャイアンツに徹底的に分析し尽くされて、悔しい思いをした。そのことが物語っているように、データの重要性は年々高まっている。

プロ野球界では、よく「初モノに弱い」という言い方があるが、はじめて対戦するピッチャーを打ちあぐねるのは、ひとつにデータが不足しているということが理由に挙げられる。

当然、ファイターズにも膨大な量のデータの蓄積があり、スコアラーに聞けば、たいていのことには速やかに答えてくれる。判断を迷う場面では、ピッチャーとバッターの対戦成績を確認して、その相性を根拠に決断することもある。

数字はいつも客観的だ。だからこそ、頼りになる。

そんなデータに支えられながら、我々は日々戦っているわけだが、ときには「データはこう言っているが、さて、どうしたものか？」となることもある。

最前線にいる者だけが感じる、動物的な感覚とでも言えばいいだろうか。野生の動物が身の危険を察知して、天敵や天災から逃れるように、重要な局面になればなるほど、それは研ぎ澄まされていくような感じがする。

データは〝YES〟なのに、なぜだか胸騒ぎがするとか、逆にデータは〝NO〟なのに、バッターの目力がなにかを訴えているだとか。試合という実戦の場では、特にその感覚を大切にしたいと思っている。

選手が発するオーラや佇《たたず》まい、空気感……。それらは総じて感覚的なものとして扱われるが、僕はそういったものにも、実はなにか科学的な根拠があるのではないかと思っている。

おかしなやつだと思われるかもしれないが、そういうものって、あと何百年かすると科学的に証明されるというか、この選手の〝パワーポイント＝365〟、みたいな計算ができる時代が来るんじゃないかという気がしている。

そう思っているから、大事な場面でそれを信じることができるのだ。

せっかく本能的にそれを感じることができているのなら、その感覚はさらに研ぎ澄ませていきたい。もっと試合に集中して、もっともっと選手たちのことを信じて。

25 自分の感覚は、グラウンドに伝わる

まるでオカルトのように思われるのは本意ではないが（苦笑）、感覚的なものについて、もうひとつ感じていることをここに書いておきたい。

ランナーを置いた場面で、バッターに送りバントのサインを出す。

このとき、僕がどれだけ成功を信じているか、または反対に、どれだけ不安に思っているか。これも、成否を分けるとても重要なことのような気がしている。

実際、僕が不安になると、失敗するケースが多いように思えるのは、単に成功した場面より、失敗した場面のほうが印象に残りやすいという、それだけの理由なのだろうか。

去年、はじめて一軍に定着した中島卓也《なかしまたくや》にバントのサインを出したとしよう。

そのとき、無意識のうちに、僕がこんなことを思っていたとする。

「最近、タクってたまにバントを失敗するんだよな。バントって失敗しだすと、不安になるし、プレッシャーが……」

途中、自分でネガティブなイメージを持ち始めていることに気付いて、あっ、と思った

ときには、案の定、失敗している。

そうなると僕の中では、バントを失敗したのは中島ではなく、自分自身だという心境になって、自己嫌悪に陥る。そして、反省する。

それが、不思議なもので、なんの気なしに、

「さぁ、タク、頼んだぞ」

くらいに思えているときは、意外とあっさり成功したりするものなのだ。

そこで、冷静なときは、少しばかり自分の中で演技がかってくることもある。

この送りバントが決まるかどうか、本当は気になってしょうがないのに、失敗のイメージが浮かんでくる前に、無理にでもほかのことを考えるのだ。バントが決まったとして、次のバッターの打席を想像するとか、この回に点が入ったとして、次のイニングのピッチャーのことを考えるとか。

これは野球に限ったことではなく、皆さんも似たような経験をしたことがあるのではないだろうか。

そんなこともあるから、試合中、なにが怖いかって、自分の中に不安が芽生えることが一番怖い。どうやったら不安にならずにいられるか、それにはやはり普段からまっすぐに選手たちのことを信じるしかないのだ。
◆

26 考えることで、感じる自分をコントロールする

シーズン終了後も、想像以上に忙しかった。それも優勝させてもらったおかげだ。でも、オフはいい。どんなに忙しくても、試合に負けることはないから。今日も負けないし、明日も負けない。それだけで、どれほど気が休まることか。

オフになって少しだけ、また以前のように車を運転するようになった。といっても、栗山町のごく狭い範囲に限ってだが。その運転中は、こんなことを考えていたりする。

「さっき、なんであの道を通ったんだろう?」

走りにくい細い道は、しかし、信号待ちすることなく、目的地に辿り着くことができる。走りやすい大通りは、しかし、必ず信号に引っ掛かる。

どちらも数年前から、僕の頭の中に刷り込まれている情報だ。だから、いつも「どっちにしようかな?」などと考えることはなく、無意識のうちにどちらかを選んでいた。

でもいまは、そのいずれかの道を選択した理由、無意識下の根拠が知りたいのだ。どちらかが好ましく感じられたのか、それとも反対に、どちらかを嫌ったのか。

では、それが好ましく感じられた理由、あるいは嫌った理由はなんだったのか。

普通、そこまでは考えない。

だが、監督になって、ものすごく考えるようになった。

なんらかの理由で、僕は一方の道を嫌った。では、それをイヤだと感じない方法はないのだろうか、そんなことまで考える。

いったいなぜ、考えるのか。

それは試合を戦っていると、そういうことが大事になってくるからだ。つまるところ采配というのは、瞬間的にそのどちらを感じるか、で決断される場合がほとんどだからだ。

「考える」ことと、「感じる」ことは違う。

できれば考えることで、感じる自分をコントロールしたい。もちろん、良い方向に。

テレビを見ていても、あるシーンで一瞬、嫌悪感を覚えることがある。

「あれ、なんでいま、イヤな感じだったんだろう?」

と考えてみる。好き嫌いも含め、その根っこの部分にある理由を求めて、どんどん記憶をさかのぼっていく。それが1時間前の出来事であるケースもあれば、子どもの頃のトラウマであるケースもある。

食堂でなにげなく注文したときにも考える。いま、なんでこれを食べたいんだろうって。

昨日、偶然おいしそうなその食材をテレビで見掛けたとか、最近食べていなかったから体が欲していたとか、きっとその答えはどこかにあるはずだ。

いや、実際には、残念ながらその答えまで辿り着くことは、まずない。

ただ、普段からそういうふうに考えるクセをつけておくと、なにか重要な決断をする前に、大事なことがふっと浮かぶような気がしている。いつも無意識にやっている作業を、確実に意識してやれるようになれば、感じる前に、考えてやれるようになるんじゃないか、と。

感じることには、どこか「選択させられている」イメージがある。

でも、考えてやれるということは、自らの意思で「選択している」ということである。習慣付けする。訓練する。わけのわからない思考の訓練だが、それで自分の感性、感受性をコントロールしようとしているのだ。考えるという行為が面倒くさくなることも、いまのところはない。そんなことで、試合での失敗が減るんだったら、毎日いくらでも考える。

これが本当に意味のあることなのかなんて全然わからない。時間の無駄かもしれない。もし、仮にそうだったとしても、意味があるんじゃないかと思う自分がいるんだったら、思っていることを最後までやる。後悔しないようにちゃんとやる。

これは誰かに対して、「こうですよ」と言っているのではない。そう思って、僕がやっているというだけのことだ。

いまの結果に対して良い悪いではなく、そこに行き着くまでに、きちんと考えて選択肢を得られるようになれば、もっと選手にプラスになることをしてあげられるかもしれない。

そこにヒントがありそうな気がしている。その微妙な、わけのわからないところに。◆

わかりやすく「言葉化」することは
とても重要だが、
頭ではちょっと理解に苦しむ、
感覚的なものも
この世界には必要なのではないか。

普段から考えるクセをつけておくと、
なにか重要な決断をする前に、
大事なことが
ふっと浮かぶような気がしている。

第3章 パ・リーグ優勝の真実

9月21日　西武ドーム　観客数20,574人

	1	2	3	4	5	6	7	8	9	
北海道日本ハム	2	0	0	0	0	0	0	0	0	2
埼玉西武	1	0	0	0	0	0	0	3	X	4

勝ち投手　ウィリアムス　4勝3敗4S
セーブ　涌井　1勝5敗25S
負け投手　吉川　13勝5敗
本塁打　[西]浅村 5号 ソロ

9月22日　西武ドーム　観客数33,913人

	1	2	3	4	5	6	7	8	9	
北海道日本ハム	3	1	0	0	0	0	0	0	0	4
埼玉西武	0	1	1	0	0	0	1	2	X	5

勝ち投手　長田　2勝1敗1S
セーブ　涌井　1勝5敗26S
負け投手　増井　5勝5敗7S
本塁打　[日]陽 7号 ソロ

9月23日　西武ドーム　観客数33,915人

	1	2	3	4	5	6	7	8	9	
北海道日本ハム	0	0	0	0	0	2	2	0	2	6
埼玉西武	1	0	0	0	1	0	0	0	0	2

勝ち投手　モルケン　2勝1敗
負け投手　岸　10勝11敗
本塁打　[日]中田 21号 2ラン
[日]糸井 7号 2ラン

9月25日　札幌ドーム　観客数20,098人

	1	2	3	4	5	6	7	8	9	10	
千葉ロッテ	0	0	1	0	1	0	0	1	0	0	3
北海道日本ハム	1	0	2	0	0	0	0	0	0	0	3

本塁打　[ロ]里崎 9号 ソロ
[ロ]ホワイトセル 9号 ソロ

9月26日　札幌ドーム　観客数20,802人

	1	2	3	4	5	6	7	8	9	
千葉ロッテ	0	0	0	0	0	2	0	0	0	2
北海道日本ハム	2	0	0	0	0	0	3	0	X	5

勝ち投手　石井　1勝1敗
セーブ　武田久　4勝4敗29S
負け投手　小野　2勝5敗
本塁打　[ロ]今江 5号 2ラン

9月27日　札幌ドーム　観客数24,620人

	1	2	3	4	5	6	7	8	9	
千葉ロッテ	0	0	0	0	1	0	0	0	0	1
北海道日本ハム	2	0	0	0	0	1	0	0	X	3

勝ち投手　多田野　6勝5敗
セーブ　武田久　4勝4敗30S
負け投手　成瀬　12勝11敗
本塁打　[日]糸井 8号 2ラン
[日]稲葉 10号 ソロ

クライマックスシリーズ

10月17日　札幌ドーム　観客数31,022人

	1	2	3	4	5	6	7	8	9	
福岡ソフトバンク	0	0	0	0	0	0	2	0	0	2
北海道日本ハム	0	0	0	0	0	0	3	0	X	3

勝ち投手　吉川　1勝0敗
セーブ　武田久　1S
負け投手　藤岡　0勝1敗
本塁打　[日]糸井 1号 2ラン

10月18日　札幌ドーム　観客数23,610人

	1	2	3	4	5	6	7	8	9	
福岡ソフトバンク	0	0	0	0	0	0	0	0	0	0
北海道日本ハム	1	0	0	0	0	0	2	0	X	3

勝ち投手　武田勝　1勝0敗
セーブ　武田久　2S
負け投手　新垣　0勝1敗
本塁打　[日]糸井 2号 2ラン

10月19日　札幌ドーム　観客数 37,166人

	1	2	3	4	5	6	7	8	9	
福岡ソフトバンク	0	0	0	0	0	0	1	1	0	2
北海道日本ハム	3	0	0	0	0	1	0	0	X	4

勝ち投手　ウルフ　1勝0敗
セーブ　武田久　3S
負け投手　攝津　0勝1敗
本塁打　[ソ]ペーニャ 1号 ソロ

はじめて優勝への手応えを感じた日

前著でも触れたが、２０１２年、僕がはじめて「優勝」の二文字を意識したのは、9月17日のことだ。オリックスバファローズ戦で貴重な逆転勝利を収め、首位を守った日である。

試合後、ふとした瞬間にこう思った。

「あの時代なら、優勝じゃないか」

自分の現役時代、プロ野球は年間１３０試合制だった。（現在は１４４試合）そして、この日のゲームがペナントレースのちょうど１３０試合目だったこともあり、いま、ここで首位にいるということは、あの時代なら優勝じゃないかと、そう思ったのだ。

しかし、あの時点で、本気で優勝できると思っていたかといえば、そうではない。優勝できるとかできないとか、そういった以前に、この先、いったい何がどうなったら決着が付くのか、それすらまったく想像がつかないでいた。ただただ毎日必死だった。

では、優勝できると思ったのはいつか。オフに何度も聞かれた質問だ。

正直に答える。

ようやくマジック4が点灯した日も、その翌日、今季初の5連勝を飾ってそれが一気に2つ減っても、まだ確信は持てなかった。もし、ここから逆転優勝をさらわれたらどうしよう、という不安のほうが大きかった。それが偽らざる本音だ。

それが移動日の10月1日、2位のライオンズが敗れて、とうとう優勝マジックが1となった。そこではじめて、僕は優勝への手応えを感じていた。残り3試合、あとひとつ勝てば優勝が決まる。しかも、ライオンズはまだ5試合を残しており、その中のひとつでも落とせば、その場合もウチの優勝となる。かなり有利な状況だ。

遅い、と思われるかもしれないが、事実そうなのだ。それくらい遠い道のりだった。

優勝が決まった瞬間、泣かなかったわけ

10月2日、日程の都合で、この日も試合はなかった。

しかし、ナイトゲームを戦うライオンズが敗れた瞬間、ファイターズの優勝が決まるとあって、急遽、札幌ドームでの練習はファンの皆さんに公開されることになった。もちろん目的は練習を見てもらうことではない。優勝決定の瞬間をともに迎えようというものだ。

午後5時に始まった公開練習には、最終的には1万5千人を超えるファンが詰め掛けた。

選手たちは2時間ほど調整に汗を流し、その後はおもにロッカールームで西武ドームの戦況を見つめた。1、3塁の内野席を埋めたファンも、大型ビジョンで試合の行方を見守る。そして僕はひとり、監督室でテレビ画面を眺めながらデータの整理をしていた。

試合は2点を先制されたライオンズが、4回裏、ホセ・オーティズのホームランで同点に追い付く。やっぱりそう簡単にはいかないなと、翌日に気持ちを切り替え始めていたところ、5回表に再び千葉ロッテマリーンズが勝ち越し、6回に追加点を挙げると、部屋の外から大きな歓声が聞こえてきた。監督室の向かいは裏方さんたちの控え室になっており、居ても立ってもいられないスタッフが通路に飛び出し、ハイタッチを繰り返しているようだ。

7回表、勢いに乗るマリーンズが、5番・角中勝也《かくなかかつや》のタイムリーヒットで3点差にリードを広げたときには、聞こえてくる歓声は泣き声まじりに変わっていた。大の男たちが人目もはばからず涙を流しながら、歓喜に身を任せていた。

まだ優勝が決まったわけじゃないのに、みんな気が早いよ。そう思ったときには、テレビの画面がまるで見えなくなっていた。声が聞こえてくる裏方さんの顔を一人ひとり思い浮かべていたら、涙が止まらなくなっていた。

どれくらい泣いただろう。自分でも呆れるほど涙を流したあと、ようやく少し落ち着いてから出て行って、最後の場面はみんなと一緒にダグアウトで迎えた。だから、優勝が決まった瞬間にはすっきりとしたものだった。あとで記者のみんなには、

「監督、なんで泣かないんですか？」

と聞かれたけど。だってもうとっくに号泣しちゃったから。

最後はファンのために外野のフェアゾーンを開放してくれた球団の演出も嬉しかった。あれは試合がない日に優勝が決まるというレアケースならでは。ナイスアイデアだったと思う。生まれてはじめて経験する胴上げでは11回も宙を舞わせてもらったけど、おかげでファンの皆さんにも胴上げしてもらっているような気分が味わえて、本当に最高だった。

chapter 3

なぜか、ビールかけの会場に一番乗り

5、6、6、4、5、4、5。
なにかの暗号ではない。現役時代、僕が選手としてプレーしていた7年間の、スワローズの順位である。優勝どころか、実はAクラス入りの経験もない。もちろんビールかけに

はまったく縁がなかった。というわけで、ドラフト外でプロ入りしたあの日から29年、夢にまで見たはじめてのビールかけだ。

胴上げと共同記者会見を終えたあと、スタッフにこのあとの段取りを説明された。マスコミ各社の囲み取材が済んだら、速やかに祝勝会の会場に移動するように、とのことだった。

取材には、あまり時間がかからなかった。すでにひと通りのことは共同会見で話していたし、僕の気持ちがはやっていたのもある。みんなをあまり長く待たせるのもなんだろう。足取りも軽やかに、祝勝会の会場となる札幌ドームの地下駐車場へ。

お待たせ！　と思ったら、選手たちはまだ誰もいなかった。まさかこんなに早く取材を切り上げてくるとは思わなかったのだろう。監督が一番乗りだったのだ。年上なのに、自分が一番はしゃいでいるみたいで、なんだか少し恥ずかしかった。

すると、もう監督は会場入りしているという情報をいち早く聞きつけたようで、ベテランの稲葉がやってきた。

思えば半年前、3月30日の開幕戦で2番に起用した稲葉が、初回、ノーアウト1塁から放ったセンターオーバーの2ベースヒット、あれがすべてのはじまりだった。

どうしても手堅くいきたくなる開幕戦だが、今シーズンの戦い方、その姿勢を示すためにも、たとえ先頭バッターが塁に出ても、2番には絶対に送りバントはさせない、そう決めていた。しかし、いざそうなったとき、はたして迷わずに決断できるのか。そんな不安や弱さを消し、自分の覚悟を決めるため、新人監督は18年目のベテランの力を借りたのだ。そんな稲葉の2番起用であり、それに見事に応えた会心の一打だった。

あそこから一気に畳みかけ、ライオンズのエース・涌井《わくい》秀章《ひであき》から3点を先制。試合の主導権を握るとともに、結果的にはペナントレースの主導権を握ることになった。

祝勝会の会場にやってきた稲葉が、嬉しそうに声をかけてきた。

「今年、ウチが優勝するって、誰が思っていました？　監督、みんな頑張りましたよ」

そのひと言で、ふつふつと喜びが込み上げてきた。選手に総括されて喜びを噛みしめているようでは、監督の威厳もあったものじゃないが、でも、やっぱり嬉しかった。

めいっぱいやって、見極める

長いペナントレースを必死に戦っているうちはわからないが、シーズンが終わって、振り返ってみれば、「あそこが分岐点だった」、あるいは「あの試合が肝だった」というポイントがわかるに違いない、そんなふうに思っていた。

だが、実際に優勝が決まったあと、自分なりに振り返ってみたのだが、どれも意味を持つ試合ばかりで、それがどこにあったのか、どの試合なのか、絞り込むのが難しかった。

だから、「あれが肝だった、という試合をひとつ選んでください」と言われて、困ってしまった。それが、わからないのだ。

それでも、あえて挙げるならば、9月23日のライオンズ戦だろうか。

天王山といわれた3連戦の3戦目だ。

2位のライオンズに2・5ゲーム差をつけて、9月21日、我々は敵地・西武ドームに乗り込んだ。2・5ゲーム差といえば、もし3連敗すればひっくり返される、そういう差だ。

3連戦の初戦、ファイターズの先発投手は、すでに13勝を挙げているエースの吉川光夫《よしかわみつお》。2点を先制した直後の1回裏、吉川は1番の浅村栄斗《あさむらひでと》に先頭打者ホームランを許し、すぐさま1点差に詰め寄られる。

その後は7回までわずか2安打に抑える好投を見せた吉川だが、8回裏、ツーアウト2塁からまさかの3連打を浴び、無念のノックアウト。逆転負けで、大事な初戦を落とした。

「今年ダメだったら、オレがユニフォームを脱がせる」

吉川にはそう伝えた、ということばかりがクローズアップされてきたが、ユニフォームを脱がせるとかそういうことより、本質的にもっと大事だったのは、「1年間めいっぱい投げてみて、何が残るか一緒に見よう」という約束だった。自分が持っているものがどんなものなのか、見極めようじゃないか。だから、勝っても負けても関係ないから、ひたすら投げ続けてくれ、一所懸命やってくれって。吉川にはずっとそう言い続けてきた。

それと同じ感覚で、シーズン終盤の僕は、この先チームがどうなっていくのか、チームが持っているものがどんなものなのか、見極めようじゃないかという心境でいた。こんなに最後までもつれるシーズンなんて、そうめったにあるものじゃない。だったら、こういうときは何が試合を決めるのか、何が優勝を決めるのか、しかと見届けてやろうじゃないか、と。

さすがに、勝っても負けても関係ないとは言わない。ただ、やるべきことに変わりはないのだ。あのとき、ああしておけば良かったと後悔しないように、まさしく吉川に言い続けてきたように、めいっぱいやるだけのことなのだ。

そんな思いで西武ドームに乗り込み、3連敗だけしなければいいと自分自身に言い聞かせて、戦いに臨んだ。ところが、初戦を吉川で落とすと、2戦目も4点のリードを守りきれず、痛恨の逆転負け。連敗で、ゲーム差はついに0・5となった。

そして、僕が「肝だった」と感じている、あの試合を迎える。

勝ち負けを超えた4番・中田翔の価値ある一発

3戦目、ライオンズの先発は10勝をマークしている岸《きし》孝之《たかゆき》である。涌井が抑えに回った投手陣にあっては、エース格ともいえる存在だ。

しかも、ここまで西武ドームでは、11試合を戦って3勝7敗1分け。球場との相性の悪さも、気持ちをさらにどんよりとさせる。3連敗だけしなければ……、だったはずが、その最悪の展開がちらつき始める。

ファイターズの先発は、これが7試合目の登板となる3年目の中村勝《なかむらまさる》。仮にやられたとしても、まだ若い20歳の中村にとって、この経験は絶対に大きな宝物になる、そう思って送り出したのだが、それでもやっぱり勝ちにはこだわりたい。3連敗だけは……。

1回裏、あっさりと先制を許した中村は、その後もピッチングのテンポが悪く、苦しい内容となったが、なんとか粘り強く投げ続け、5回2失点でマウンドを降りた。最低限の責任はまっとうしてくれたといっていいだろう。

打線は5回までわずか2安打と、岸の術中にはまっている印象を受けた。

迎えた6回表、先頭の3番・糸井嘉男がライトに2ベースヒットを放ち、送球が乱れてボールが転々とする間に、糸井はさらに進塁。ノーアウト3塁のチャンスが訪れた。そして、打席には4番の中田翔が向かう。

この3連戦、中田は初戦の第一打席でタイムリーヒットを放っていたが、その後は9打席凡退が続いていた。本人としても、期するところがあったはずだ。

中田の変化には、気付いていた。悔しがり方が変わってきていたのだ。いままでは自分が打てなくて悔しがっていたものが、自分が打てなくてチームが負けてしまうことを悔しがるようになっていた。その変化は、はたから見ていてわかる。

ああ、変わってきたなと。

そして、カウントが3ボール1ストライクとなった5球目、中田は狙い澄ましたようにバットを振り抜いた。打球はライオンズファンが陣取るレフトスタンドへ一直線。値千金の同点2ランホームランだった。

岸が投じたのは伝家の宝刀ともいうべき、彼のウイニングショットであるカーブだった。つまりあの1球、中田はカーブを狙っていたということになる。これこそ中田翔という、稀代のスラッガーの進化を象徴する価値ある一発となった。将来、中田が球史に名を残す偉大な存在になったとき、あの打席がきっかけだったと思い出すような、そんなホームランだったのではないか。そんなふうに思っている。

相手バッテリーからすれば、中田はできればストライクゾーンでは勝負したくないバッター、言い換えればボール球を振らせたいバッターということができる。とはいえ、まったくストライクゾーンに投げないのでは、勝負の主導権を握ることは難しい。では、そこに投げるときは、どんな球種を選択するのか。

中田には、いつもストレートを待っていて、変化球がきたらそれに対応するという基本スタイルがある。よって、バッテリーが中田に対してストライクを取りにくるときは、必然的に変化球が多くなるのだ。

もちろん、それは中田自身が一番よくわかっているはずだ。だから、状況によってはストレート待ちにこだわらず、配球を読んで、変化球を狙えばいいのに、と周囲の我々は思うのだが、彼はストレート待ちをやめようとしない。おそらくスラッガー特有のこだわりがあるのだろう、そして、それは本人以外の誰かが口を挟むべきものではない。

その中田が、である。あの場面でカーブを待って、それを完璧に捉えたのだ。シーズンを通して我々が求めてきたものに対し、彼はあそこではっきりと答えを示してくれた。スラッガーのこだわりを、4番の誇りが凌駕した、そんな場面にも見えた。

さらに次の打席、2アウト1、2塁という勝ち越しのチャンスで登場した中田は、代わった2番手のサウスポー、ランディ・ウィリアムスから、レフトの頭上を越える2点タイムリー2ベースを放った。

1ボール2ストライクからの4球目、150キロを超えるストレートを、わずかに反応しただけできっちりと見極め、カウントを2ボール2ストライクとすると、勝負の一球、外角低めのスライダーを泳ぎながらもしっかりととらえた。あのボールを、あの体勢で、あそこまで運んでいくのは、中田にしかできない芸当だ。

9回には、ダメ押しとなる糸井の2ランも飛び出し、勝負あった。それまで一度もなかった同一カード3連敗を免れ、ライオンズとのゲーム差は再び1・5に広がった。一気に呑み込まれなかった、あそこで押し返すことができたのは本当に大きかった。

また、中田、糸井といった中心選手が打って試合を決めた、それも重要なポイントだった。ようやく彼らが、困ったときにチームを救ってくれる存在になってきてくれた。こういうことを積み重ねていけば、いつか大きな実を結ぶに違いない。そういう勝ち負けを超えた喜びというか、実感みたいなものがあの試合にはあった。本当に苦しいときに自分たちらしく勝ち切ることができたという、この結果には絶対に意味を持たせなければいけないし、必ず意味を持つはずだと感じていた。

だから試合後、これで優勝できるとは思わなかったけど、万が一優勝を逃がしたとしても、この1年、意味があったと思えるシーズンになる、そのことだけは確信した。

部屋でひとり、ワインの栓を抜いた夜

純粋に優勝の行方を左右したという意味では、2位ライオンズとの3連戦の直後、なんといっても9月25日からのマリーンズとの3連戦が大きかった。

マリーンズは8月末から泥沼の9連敗を喫し、すでに優勝争いからは脱落していたが、ドン底から脱出したあとはチーム状態が上向き、あの時期、最も脅威を感じるチームだった。「いま、一番強いのはマリーンズ」そう評価していたのは、きっとウチだけではないはずだ。だからこそ、ここをうまく乗りきることができたら、もしかしたら前進できるかもしれない、そんな思いを抱いて臨んだ3連戦だった。

初戦は先発に武田勝《たけだまさる》を立てたが、延長10回を戦って決着が付かず、3対3の引き分け。これを「勝ちきれなかった」と取るか、「よく粘りきった」と取るか、その評価は2戦目以降の結果にも影響される、そんな格好となった。

2戦目、ヒーローになったのは1番の陽岱鋼《ようだいかん》だった。2対2の同点で迎えた7回裏、2

アウト2、3塁の場面でセンター前への2点タイムリーヒット。この日、ふたつの三振を喫していた小野晋吾《おのしんご》を、4打席目にしてついにとらえ、チームに貴重な決勝点をもたらした。

そして、3戦目は打線がマリーンズのエース・成瀬善久《なるせよしひさ》の攻略に成功。3対1で勝利を収め、勝負どころと踏んでいたこの3連戦を2勝1分けと、ひとつも星を落とすことなく乗り切ることができた。こういう結果になれば、後付けの評価にはなるが、初戦の引き分けも「よく粘りきった」と評価していいだろう。

この3戦目を戦った9月27日の夜遅く、自宅に戻った僕は、ひとりでワインの栓を開けた。シーズン中、部屋でワインを口にしたのは、唯一、この日だけである。

実はこの日の勝利によって、ファイターズの3位以内が確定、クライマックスシリーズへの進出が決まったのだ。

ファンの立場からすれば、激しい優勝争いを繰り広げている中でのクライマックスシリーズ進出決定は、それほど特筆すべき出来事ではないのかもしれない。しかし、いまだから打ち明けられるが、僕は心底ホッとした。監督を引き受けたとき、それは自分に課せられた最低限の任務だと受け止めていたからだ。だから、祝杯をあげた。こっそりと、だったけど。

chapter 3

「計算できない力」が働かなければ、チームは前に進まない

それにしても、144試合もある中から、「あれが肝だった、という試合をひとつ選べ」というのは、なかなかの難問だ。

あえて挙げるならば、ということで、僕は「9月23日のライオンズ戦」と答えたが、はたしてチームのみんなはどう感じているのか。そう思って、僕が最も信頼を寄せる人物のひとりである、ある球団スタッフに尋ねてみた。

すると彼は、別のライオンズ戦を挙げた。

それは8月30日、僕が「肝」と感じた試合より、3週間以上も前の一戦だった。

いったい、どんな試合だったのか。

チームの根幹を揺るがしかねないアクシデントが起こったのは、その前日のことだった。

7回表、意表をつくセーフティバントを試みたライオンズの中島裕之《なかじまひろゆき》と、1塁ベースカバーに入ったセカンドの田中賢介が交錯。負傷退場した賢介は、検査の結果、今季中の復帰は絶望という重症だった。

4日前には、左脇腹を傷めた糸井の登録を抹消したばかりである。勝負の9月を目前にして、相次いで中心選手が離脱するという緊急事態に、「いま、いるメンバーがベストと思って全員で戦うしかない」、そう腹をくくるしかなかった。

賢介がいなくなったのは非常に痛い。でも、すぐに頭を切り替えた。これは若手を使ってあげるチャンスなんだ。野球の神様が、そうしろと言っているに違いないんだと。

ウチには、セカンドを守れるバックアップメンバーは少なからずいる。33歳の飯山裕志《いいやまゆうじ》、31歳の岩舘学《いわだてまなぶ》、28歳の今浪隆博《いまなみたかひろ》、25歳の加藤政義《かとうまさよし》……、そういった経験のあるベテランや中堅をスタメンに起用しておけば、チームのバランスは保ちやすいのかもしれない。

しかし、漠然とではあるが、もしこの先ウチが優勝するとしたら、最後は実力プラスアルファみたいなものが求められるような気がしていた。そういった「計算できない力」が働かなければ、チームは前に進まないんじゃないかと。それには未知数の若手がガッと出てきて、計算以上の力を発揮してくれるのが一番なんじゃないかと、そう思ったのだ。

糸井のいないライトには、おもに4年目の21歳、杉谷拳士《すぎやけんし》を起用していた。では、賢介がいなくなったセカンドには誰を起用するか。僕の選択は2年目、20歳の西川遥輝だった。

ペナントレースの肝だったと思う試合に、この8月30日のライオンズ戦を挙げた彼は、いつも僕に宿題を与えてくれる。

こう思う、という意見はくれるが、その理由までは教えてくれない。それは「自分で考えてください」という、彼なりのメッセージなのだと、僕は受け止めている。

「それを考えることが、監督の財産になるんです」、きっとそんなふうに考えているのだろう。田中賢介という精神的支柱を失った翌日に、最大のピンチをチャンスと捉えた大胆な選手起用ができた、あの姿勢を忘れないでくださいと、彼は言いたかったのかもしれない。

chapter 3

無理をせざるを得ないクライマックスシリーズ

クライマックスシリーズは実に難しい。

ペナントレースの2位、または3位で進出してきたチームは、前提として「失うものはない」というスタンスで臨めるが、対照的にリーグ優勝チームには「絶対に負けられない」という強烈なプレッシャーがのしかかってくる。この「失うものはない」と「絶対に負けられない」の精神状態の差は、とてつもなく大きい。

過去にもそういう例があるように、もし、1位チームがそこで敗れて日本シリーズ出場を逃がすようなことになったら、死に物狂いで戦ってきたこの1年間はいったいなんだったのかと、自問自答せずにはいられない。気負わずに戦えというのが、無理な話だ。

　現在、クライマックスシリーズの日程は最大で、ファーストステージが3連戦、ファイナルステージは6連戦となっている。ファーストステージから戦いが始まる1位チームは、順当にいけば初戦でエースを先発させる。そこから第6戦までもつれ込めば、最後はやっぱり中4日で再びエースを投入したくなるはずだ。無理をせざるを得ないという意味では、ある意味、日本シリーズ以上といえるかもしれない。

　そのクライマックスシリーズのファイナルステージの相手は、2位ライオンズではなく、3位の福岡ソフトバンクホークスとなった。どちらがきても手ごわい相手であることに違いはないが、ホークスは特に投手陣が強力な印象がある。そこをどう攻略するか、1点を争う勝負になることが予想された。

涙が出るほど嬉しかった、稲葉の「次はちゃんとやります！」

　初戦、ホークスの先発は、ファイターズで最強外野陣の一角を担う陽岱鋼の兄、陽耀勲《やんやおしゅん》だった。

立ち上がりからこのヤンの出来が素晴らしく、4回までひとりもランナーを出すことができずにいたが、迎えた5回裏、先頭の中田が初球をレフト前に弾き返す。チーム初ヒットでノーアウト1塁、試合が動き始める。

続く5番・稲葉には、送りバントのサインを送った。どうしても先制点がほしいこの場面、たとえ稲葉といえども、ここは確実に送るという作戦に迷いはなかった。

しかし、これが決まらない。少ないバント機会ながら、いつも確実に決めてきた稲葉には珍しく、2球連続の失敗。いずれも高めのボール気味の球だった。

そして、1ボール2ストライクからの4球目、外角低め、ストライクからボールになる変化球に思わずバットが出て、3塁塁審はこれをスイングと判定、空振りの三振に終わる。

さらに、続く小谷野栄一《こやのえいいち》のカウントが1ボール1ストライクとなった場面で、ヤンのけん制球に1塁ランナーの中田が誘い出された。セカンド手前でタッチアウトとなり、ランナーがいなくなる。

その後、小谷野もショートゴロに倒れ、結局、この回の攻撃は3人で終わった。

この回の稲葉のバント失敗にまつわるエピソードは、何かの記事でも伝えられていたようだが、実際はこんな感じだった。

ファイターズが陣取る札幌ドームの3塁側ベンチには、入り口がふたつある。いつも僕が座っている側、一番バックネット寄りの後方と、その反対側、一番レフト寄りの後方だ。ベンチでは僕から最も遠い、レフト寄りの場所を定位置にしている稲葉は、出入りする際、いつもそちら側の入り口を使っている。

ところがあのバント失敗のあと、次の回の攻撃が始まる前だっただろうか、珍しく稲葉が僕に近い側の入り口から入ってきて、突然、みんなに聞こえるような大きな声で言った。

「監督、すみませんでした！　次はちゃんとやります！」

あのひと言は、涙が出るほど嬉しかった。

野球の神様が降りてきて、耳元で「送りなさい」と囁いた

一方、6回までほぼ完璧なピッチングを見せていた吉川が、7回につかまる。2アウト2、3塁のピンチを招くと、6番の多村仁志《たむらひとし》に2点タイムリーヒットを許す。ここまでの展開を思うと、あまりにも重い2点だった。

7回裏の攻撃は1番の陽から始まった。兄・ヤンとのこの日3度目の兄弟対決は、初球をセンター前に運び、弟の陽に軍配が上がる。先制点を奪われた直後だけに、貴重なランナーだ。

2点差を追う7回、ノーアウト1塁、バッターは2番・杉谷という場面。手堅く送って、まずは1点を取りにいくか、それとも様子を見ながら、強行もあるのか……。と、普通ならば、あれこれ思いを巡らせるところなのかもしれない。が、ここも迷いはなかった。福《ふく》良淳一《らじゅんいち》ヘッドコーチが「監督……」と言ったときには、食い気味に「送ります」と答えていた。

しいて送りバントの根拠を挙げるとすれば、3番・糸井のダブルプレーのリスクを排除して、なんとか4番の中田まで回したかった、ということがいえるかもしれない。糸井は強い打球が打てる分、内野手の正面に飛んだときにはダブルプレーのリスクを伴う。ランナーを2塁に進めておくことでそれを避けて、たとえ糸井で2アウトになったとしても、ホームランの可能性を秘めた中田までは確実に回したかった。

だから、杉谷がバントの構えから2球選んで、カウントが2ボールになっても、そこで様子を見ようという気は起こらなかった。たしかに粘ってフォアボールを選んでくれれば、チャンスはさらに広がるが、不思議とそういう気にならなかったのだ。

あのとき、どうして迷わなかったのか。

「送る」以外の選択肢が、頭に浮かばなかったのか。

いい大人が、と思われるかもしれないが、僕は野球の神様はいると思っている。あの場面、野球の神様が降りてきて、耳元で囁いていたのかもしれない。「送りなさい」って。

2ボールからの3球目、杉谷はきっちりと送りバントを決めた。これで1アウト2塁となり、打席に3番の糸井が向かう。

このとき、ホークスの高山郁夫《たかやまいくお》投手コーチがマウンドに足を運んでいる。ヤンは左投げのピッチャー、いわゆるサウスポーである。そして、3番の糸井が左打ち、4番の中田が右打ちであることから推測すると、ホークスベンチは「ヤンにはあとひとり、次の糸井まで投げさせて、中田のところでピッチャー交代」、そう考えていたのではないだろうか。だとすれば、高山コーチはマウンドでそれを伝え、「ホームランだけは気を付けろ」と注意を促したのかもしれない。

野球は怖い。そして、面白い。そういう場面で、ホームランが出るのだから。

ヤンが投じた3球目はすっぽ抜け、避けなければ当たっていた緩いボールを、糸井は本能的にうまくかわす。そして、2ボール1ストライクからの4球目、目の覚めるような当たりとは、まさにこのことだった。打った瞬間にそれとわかる同点2ランホームラン。会心の一撃は、あっという間にライトスタンドへ飛び込んでいった。

ピッチャー交代のあと、さらに中田と小谷野にもヒットが出て、2アウトながら1、3塁のチャンスとなり、そこで7番・マイカ・ホフパワーに代えて、代打・二《に》岡智宏《おかともひろ》。さっきは野球の神様が降りてきたが、今度は代打の神様の登場だ。

神様はここでも最高の仕事をしてくれた。決勝点を叩き出す、ライト前へのタイムリーヒット。神様は珍しくファーストベース上で満面の笑みを浮かべ、試合後のヒーローインタビューでは「ちょっと喜びすぎた」と反省の弁を口にしていた。

ピッチャーは、迷う前に代えてしまうこと

いわゆる監督の采配と呼ばれるものの中で何が一番難しいか。答えは人によってさまざまだろうが、僕なら迷わず「投手交代」と答える。

僕も大学まではピッチャーをやっていたが、それはあくまでもアマチュアレベルの経験であって、プロに入ってからは最初が内野手で（意外に思われる方が多いかもしれないが、一軍デビューはショートだった）、2年目以降は外野手としてプレーしてきた。

そのためか、野手の感覚は比較的よくわかるのだが、ピッチャーのことはわかっているようで、実はわかっていないことも多い気がする。特に継投のタイミングは難しく、代えどきの判断にはいつも苦手意識がつきまとう。それこそ試合中はずっと、いや、シーズン中は1日中ずっと投手交代のことを考えているといっても過言ではない。

勝った負けたに関わらず、試合が終わるとすぐに、頭の中は次の試合へと切り替わる。そのとき、真っ先に考えるのが先発ピッチャーのことで、シャワーを浴びる頃にはもう交代のタイミングを考え始めているのだ。

前回の投球内容を振り返り、ここ最近の状態を想像してから、次に相手打線を思い浮かべてみる。5回までもったら2番手ピッチャーは誰か、6回までもったらその先は計算が立つが、反対にもし4回ももたなかったら、さて、そこからどうやってつないでいこうか……。そんなシミュレーションを繰り返していたら、時間がどれだけあっても足りない。

いざ試合が始まれば、先頭バッターに第1球を投じたところから、今日の状態はどうか、この調子なら何回までもちそうか、1球1球、情報を更新しながら脳はフル回転している。

しかし、そこまで考え尽くしても、残念ながら代えどきの判断が容易に感じられたことは一度だってなかった。

ペナントレースを制し、これからいよいよポストシーズンに向かおうというあるとき、森繁和《もりしげかず》さんに話を聞けるチャンスがあった。長年、中日ドラゴンズで落合博満《おちあいひろみつ》監督の参謀を務め、投手起用に関する全権を委ねられていたというスペシャリストだ。また、聞いたところによれば、クライマックスシリーズというシステムが導入されてから、12球団の中で最も高い勝率を誇るチームがドラゴンズだという。難しいとされる短期決戦におけるピッチャーの起用法を、森さんがどのように考えていたのか、どんな意図をもって投手交代を決めていたのか、非常に興味があったことを単刀直入に尋ねてみた。

森さんの答えは、単純明快だった。

「面倒くさくなる前に、迷う前に代えてしまうことなんだよ」

なるほど、そういう感覚か。だが、単純明快にして、実はそれが、一番勇気がいる。

自分もプロ野球中継の解説をやっていたときには、「早め早めの継投が……」などと知ったふうなことを言っていたが、いざそれを決断する側になると、まだ投げられそうなピッチャーを早めに交代させるというのは、とても勇気がいることなのだ。

森さんには、自分なりの考え方も聞いてもらった。すると、

「クリ、おまえの考えていることと俺は一緒だから、おまえの思った通りにやってみろ」

このひと言には、力強く背中を押してもらった気がした。感謝である。

と、すっかり前フリが長くなってしまったが、クライマックスシリーズの第2戦である。

この試合は1点リードの7回、ホークス投手陣の切り札的存在だったサウスポーの森福《もりふく》

允彦《まさひこ》から、糸井が放った2試合連続となる2ランホームランの印象が強い。だが、それだけではない。6回まで3安打無失点の好投を見せた先発・武田勝《たけだまさる》のピッチングは見事だったし、その武田をわずか1点リードの7回頭でスパッと代えた、あの継投も連勝を引き寄せた要因のひとつだと思っている。

なぜ、スパッと代えられたのか。

「迷う前に代えてしまうこと」なのだ。

もちろん、後ろにも信頼できるピッチャーがいるからこそ、ではあるが。

肌感覚だけは、自分自身を一番に信じる

「迷う前に代えてしまうこと」には、まだ続きがある。

翌日の第3戦、この日は先発のブライアン・ウルフが、前日の武田勝に負けず劣らずのナイスピッチングを見せてくれた。6回までホークス打線を2安打無失点に封じ、特に4回以降はひとりのランナーも出さない、ほぼ完璧な内容だった。

それでも僕は、早めのスイッチで7回から継投に入ろうと考えていた。ところが、それを伝えたら、コーチ全員に反対された。「監督、まだ行けます」って。

たしかに、ウルフにはまだ十分に行けそうな雰囲気もあった。しかも、1点差の前日とは違い、この日は6回終了時点で4点のリードがあった。そこで、「まぁ、みんながそう言うなら」と、続投を決めた。

その7回表、1アウトを取ったあと、4番・ウィリー・モー・ペーニャへの2球目は、弾丸ライナーでレフトスタンド上段へ。ものすごい当たりだった。

今度は誰にも相談しなかった。「代えるよ」、そう言って僕はベンチを出た。

野球は怖い。その怖さを敏感に感じ取る、そういった動物としての本能みたいなものは、不思議と監督には備わっているものだ。技術面をはじめ、戦略とか戦術とか、優秀なコーチ陣に頼りっぱなしの1年だったけど、肌感覚だけは自分自身を一番に信じた。それだけは、信じてやっていい気がした。

想像もしていなかった、ウルフからの嬉しいプレゼント

この試合、4対2で勝利を収めたファイターズは、ついにパ・リーグのクライマックス

シリーズを制し、3年ぶりの日本シリーズ出場を決めた。

それにしても、ペナントレースでは9勝13敗2分けと負け越し、最も苦手としていたホークス相手に、この大事な局面で望外の3連勝。あんなに苦しめられて、正直、ユニフォームを見るのもイヤだったのに、まさかこんな勝ち方ができるとは夢にも思わなかった。

試合後はしばらく監督室にこもり、日本シリーズに向けての準備のことなど、スタッフとあれこれ打ち合せをしていた。それが終わって、ドアを開けたときである。そこに、ウルフがいた。最後はペーニャに一発を浴びたが、そこまでは見事なピッチングでチームに勝利をもたらしてくれた、今日のヒーローである。

ウルフはボールを持っていた。なにかと思ったらウィニングボールだという。ウルフは僕に記念のウィニングボールを手渡すため、この時間まで待っていてくれたらしい。いつもポーカーフェイスのウルフがこんなことをしてくれたのは、はじめてだった。

シーズンを通して、ウルフには厳しいことを言ってきた。だが、片思いでもいいと思って僕が愛情を注いできたことを、なんとなくだとしても、彼は感じてくれていたようだ。そう思うと、喜びが込みあげてきた。苦しかったけど、本当に良かった。

我々はライバルである以前に、球界の仲間である

このクライマックスシリーズ第３戦、最後のバッターとなったのは、ホークスのキャプテン・小久保《こくぼ》裕紀《ひろき》だった。ショートフライに倒れ、ファイターズの日本シリーズ出場が決まった瞬間、彼の19年間に及んだ現役生活に幕が下ろされた。

取材者時代から数えると、彼とは長い付き合いになる。そして、この1年は立場こそ違えども、ライバルとして戦ってきた。だが、ライバルである以前に、我々は球界の仲間である。

試合後のセレモニーを終え、レフトスタンドのファンに挨拶したあと、小久保には「お疲れさま」と「ありがとう」の言葉を伝えた。そして、ファイターズの選手も彼の胴上げに参加させてもらった。

ウチが勝っていて、相手選手を胴上げするのは失礼かな、と心配する声もあったけど、同じ野球人としては当然のことだから。一所懸命苦労して、長年、野球界を支えて続けてくれた功労者を全員で送り出すことができて、僕は良かったと思っている。

第4章
日本一に足りなかったこと

日本シリーズ

10月27日　東京ドーム　観客数44,981人

	1	2	3	4	5	6	7	8	9	
北海道日本ハム	0	0	0	0	0	0	0	0	1	1
読売ジャイアンツ	0	0	0	4	2	0	2	0	X	8

勝ち投手　内海　1勝0敗
負け投手　吉川　0勝1敗
本塁打 [日]陽 1号 ソロ
[巨]ボウカー 1号 3ラン

10月28日　東京ドーム　観客数44,932人

	1	2	3	4	5	6	7	8	9	
北海道日本ハム	0	0	0	0	0	0	0	0	0	0
読売ジャイアンツ	1	0	0	0	0	0	0	0	X	1

勝ち投手　澤村　1勝0敗
セーブ　マシソン　1S
負け投手　武田勝　0勝1敗
本塁打 [巨]長野 1号 ソロ

10月30日　札幌ドーム　観客数36,942人

	1	2	3	4	5	6	7	8	9	
読売ジャイアンツ	0	0	0	0	2	0	0	1	0	3
北海道日本ハム	0	2	3	0	0	1	0	1	X	7

勝ち投手　ウルフ　1勝0敗
負け投手　ホールトン　0勝1敗
本塁打 [日]稲葉 1号 ソロ

10月31日　札幌ドーム　観客数40,433人

	1	2	3	4	5	6	7	8	9	10	11	12	
読売ジャイアンツ	0	0	0	0	0	0	0	0	0	0	0	0	0
北海道日本ハム	0	0	0	0	0	0	0	0	0	0	0	1X	1

勝ち投手　宮西　1勝0敗
負け投手　西村　0勝1敗

11月1日　札幌ドーム　観客数40,579人

	1	2	3	4	5	6	7	8	9	
読売ジャイアンツ	0	2	3	1	2	0	0	0	2	10
北海道日本ハム	0	1	1	0	0	0	0	0	0	2

勝ち投手　内海　2勝0敗
負け投手　吉川　0勝2敗
本塁打 [巨]ボウカー 2号 2ラン

11月3日　東京ドーム　観客数45,018人

	1	2	3	4	5	6	7	8	9	
北海道日本ハム	0	0	0	0	0	3	0	0	0	3
読売ジャイアンツ	2	1	0	0	0	0	1	0	X	4

勝ち投手　高木京　1勝0敗
セーブ　山口　1S
負け投手　石井　0勝1敗
本塁打 [日]中田 1号 3ラン
[巨]長野 2号 ソロ

chapter 4

日本シリーズで「全試合DH制採用」を提案した本当の理由

日本シリーズ開幕の3日前、コミッショナー事務局から連絡があった。ジャイアンツの原監督から電話があったという。「全試合でDH制を採用すると聞いたんだけど?」って。たしかに前日、記者にその案を伝えたのは僕だった。朝、スポーツ新聞にもその記事が載っていた。記事の内容はこうだ。

> 日本ハム栗山英樹監督(51)が23日、原監督へ〝先制攻撃〟を仕掛ける策略を明かした。26日に行われる監督会議で「全試合DH制」を提案する構え。開催要項にはパの本拠地でDH制を採用することしか明記されていないが、両監督の合意があれば提案が通る可能性もゼロではない。実現すれば、全戦でパ主催試合と同じ戦い方が可能となり、日本ハムにとっては普段着野球が展開できる。
>
> (11/24付　日刊スポーツ)

記事を読んだという知人には、「あの強力打線のジャイアンツ相手に、全試合DH制を提案するとは勇ましい」と突っ込まれた。

先制攻撃とか、真っ向勝負とか、そういう意図はなかった。実はある不安があったのだ。通常であれば、セ・リーグの本拠地試合ではDH制は採用されず、ピッチャーも打席に入ることになる。もちろん、ヒットを期待することはしない。だがノーアウト、あるいは1アウトでランナーがいれば、当然、バントは選択肢に入ってくる。その慣れないバントを試みた際、ピッチャーが思いがけないケガをするのが怖かったのだ。

記事では「ウチらしくやりたい。普段通り戦いたいし、普段通り采配をする。ウチはそうやって勝ってきたから」というコメントも紹介されていたが、「ウチらしくやりたい」という言葉の裏には、「ケガで戦力を失って、ウチらしい野球ができなくなることは避けたい」という、そんな思いも含んでいた。ピッチャーが打席に入って、ケガのリスクを背負うくらいなら、ジャイアンツさえOKならば、ウチは全試合DH制のほうがいいって。

実際、26日の監督会議で、NPB（日本野球機構側）から「実行委員会の決定事項であり、両監督の合意では決められない」と説明があり、実現はしなかったが。

ジャイアンツファンの大合唱さえ愛おしく思えた日本シリーズ

10月27日、日本シリーズ第1戦。

東京ドームに入り、控え室からベンチに出ていったときには、本当に涙が出てきた。

1988年にオープンした東京ドームでは、僕も3年間だけプレーをさせてもらった。ここで活躍したくて必死にやって、必死にやったけど一流にはなれなくて、引退から20年以上の歳月を経て、こうしてまた帰ってくることができた。そんな感慨にふけっていたら、ジャイアンツファンの大合唱さえたまらなく愛おしく思えてきた。

東京ドームのジャイアンツファンが、ああやってウチに対して必死になってくれているのは、ファイターズを認めてくれているということだ。それも嬉しかった。

メンバー交換のとき、握手、そして短いハグ。原監督にとっては、きっとごく自然な一連の流れだったんだと思う。

監督会議の日、記者会見が終わったあとに、原監督にこんなことを言われた。

「クリ、クライマックスシリーズには変なプレッシャーがあるけど、日本シリーズは違う。

本当に野球に集中して、純粋に勝ち負けを争う勝負ができる」

　そんな日本シリーズという最高の舞台で戦えることを素直に喜び、称え合い、そして健闘を誓う、そんなハグだった。

　長い間、取材者という立場にいた僕は、現役時代の原選手とも、もちろんジャイアンツの原監督とも、WBC（ワールド・ベースボール・クラシック）日本代表の原監督とも、さまざまな場面で接し、いろんな話をさせてもらってきた。ふたりの間には、ふたりにしかわからない空気感のようなものもある。だからこそ、ハグという原監督流のエール交換を、僕は喜びの気持ちで受け止めた。

　ただ、僕の貫禄が足りなかったためか、その様子が、新人監督がベテラン監督に激励されているようにも映ったようで、ファイターズの選手たちの中には「ウチの監督だって負けていないぞ！」と憤慨していた者もいたようだ。そんな選手たちの気持ちも、嬉しかった。

chapter 4

正直、わけがわからなかった第1戦

　思えば、前年14勝のボビー・ケッペルが4月に、3シーズンぶりに復帰したターメル・

スレッジが6月に、そしてキャプテンの田中賢介が8月に、主力選手が次々と戦列を離れ、開幕の頃とは少し違った顔ぶれになっていた。

けれども、こうして日本シリーズの舞台にあがったチームを見ていて、いまが強い、1年を通じて一番強いと、自信を持って言えた。経験とか、そこで得た自信とか、そういうのはやっぱり大きい。みんな、いい意味で〝その気〟になってくれている。

だから、試合前には選手を集めて、あえて「ウチは強い!」、そう伝えた。「こんなことは言ったことがないけど、勝とう!」、だってウチは強いんだから。

しかし、そうやって自信を持って迎えたはずのシリーズ開幕だったが、第1戦は正直、わけがわからなかった。シーズン終盤、あれほど完璧だったエースの吉川光夫が、4回、とうとうつかまって一気に4失点。打線も内海哲也《うつみてつや》の前に沈黙し、まったく躍動しない。

終わってみれば8対1、完敗だった。日本中が注目する試合で、後半はハラハラも、ドキドキもしない、一番したくない試合をしてしまった。申し訳ない気持ちでいっぱいだった。

試合後、敗因に思いを巡らせた。

クライマックスシリーズを3連勝で突破して、この日まで中7日、1週間が空いた。そのブランクが、選手たちからゲーム勘を奪ったとは考えられないか。セ・リーグは第6戦までもつれ込み、ジャイアンツは中4日で初戦に臨んでいた。その差が出たのではないか。

それとも、冒険だとは思ったが、日本シリーズ出場が決まった直後、一度気持ちを切り替えさせるために連休を与えた。やはり、あの時期に2日間休ませたのは無謀だったのか。

はたまた、クライマックスシリーズのときには結果オーライで気付かなかったが、その直前、おもに二軍を対象とした教育リーグにあたる、宮崎のフェニックス・リーグで実戦調整をさせた。あの過ごし方が間違っていたのか。そこまで考えてしまった。

結果よりも、とにかくウチの選手が思いきりやってくれればそれでいいと思っていたのに、その肝心の思いきりが感じられない。どうして思いきったスイングができないのか。

なんでなんだ、なんでなんだ、なんで思いきれないんだ、どこが悪かったんだ、って。

その原因にようやく気付いたのは、翌日、第2戦を戦っている試合中のことだった。

ふたつのデッドボールが気付かせてくれたジャイアンツの戦略

第2戦、試合開始早々、東京ドームは騒然とした空気に包まれた。1回表、先頭バッターの陽岱鋼、そして4番の中田翔と、1イニングでふたりがデッドボールを当てられたのだ。

あの澤村拓一《さわむらひろかず》のピッチングを見たとき、あっ、と思った。あれはたまたま当たったのではない。狙った、という意味ではなく、意図的に厳しくインコースを攻められていたのだ。

澤村のようにストレートに圧倒的な球威があるピッチャーは、バッター云々よりも、自分の球を投げればいいというタイプだったりする。アウトコース低めにきっちりストレートが決まって、それを活かす変化球が曲がってくれれば、そう簡単に打たれることはない。

ところが、あの日の澤村は違っていた。初回からあそこまで、ある意味えげつなくインコースに投げ込んでくる。バッターにとことんインコースを意識させるという、明らかな狙いを持ったピッチングだった。

そして、あっ、と思った。昨日の内海もそうだったのだ。

澤村ほどあからさまではなかったが、内海はもっと巧妙に、効果的にインコースを攻めていた。その結果、まんまと術中にはまり、特にウチの左バッターが崩れ始めた。インコースを意識するあまり、本来のバッティングができなくなっていたのだ。

あとで第1戦の配球を見直してみたら、やっぱりそう。ウチの選手たちの気持ちになにか問題があって、思いきったスイングが〝できなかった〟のではなかった。ジャイアンツの徹底した戦略の前に〝させてもらえなかった〟のである。

とはいえ、大敗した翌日に、いきなりふたつのデッドボールを見舞われて、さすがに感情的にもなった。あのあと、また誰かに当たりそうになって、思わず声を荒らげた。

たぶんベンチで僕がそんなふうになったのは、シーズンを通してはじめてのことだったと思う。あとで言われた。「監督、ブチ切れていましたね」って。

ベテラン稲葉が輝きを取り戻したきっかけ

東京ドームで連敗して、迎えた本拠地での第3戦。

帰ってきた我が家、札幌ドームでシリーズの流れを変えたのは頼れるベテラン、5番・稲葉篤紀だった。2回裏、ジャイアンツの先発、デニス・ホールトンの初球、カーブを捉えて、ライトスタンドに飛び込む先制ホームラン。3戦目にして、はじめて先手を取る。

稲葉は続く3回にも、1アウト1、2塁の場面で、右中間を破るタイムリー2ベースヒットを放ち、試合の主導権をグッと引き寄せる、最高の働きを見せてくれた。

実は稲葉、クライマックスシリーズの時点ではあまり調子がよくなかった。第1戦の送りバント失敗などもあり、第3戦の第2打席まで9打数2安打という成績。その数字以上に、〝らしくない〟内容が続いていた。

そして、第3戦の第3打席、ノーアウト1塁で打席に入った稲葉に、僕はここでもバントのサインを送った。3点リードの場面だったが、なんとしてもここでもう1点取っておきたいと考えていた。さらに、稲葉を追い込もうという狙いもあった。彼ほどの選手になれば、ちょっとしたきっかけでも劇的に状態が上向くことはある。そのきっかけがほしかったのだ。

1球目は、バントの構えからバットを引いてボール。2球目、バントにいったが空振り。3球目は外れ、4球目はバントがファウルになって、ましたても失敗となった。

ここで、バントのサインを消した。追い込まれて、稲葉にかけた。

ひとつ外れ、フルカウントとなって6球目、稲葉は鮮やかにセンター前に弾き返し、ノーアウト1、3塁と大きくチャンスは広がった。そして、自らのプライドをかけてがむしゃらになったとき、稲葉は輝きを取り戻した。これで大丈夫だ、と思った。

日本シリーズの第3戦、その稲葉が打って、チームはようやく息を吹き返した。僕の中では、あのクライマックスシリーズ第3戦の第3打席から、そこにつながっていた。長いシーズンを戦うプロ野球には、そういった流れや、つながりは確実に存在する。

チームを奮い立たせた、〝満身創痍〟金子誠の全力疾走

7対3、待望のシリーズ初勝利を挙げた第3戦、稲葉が地元・札幌のお立ち台で冷やかしたのは、金子誠のことだった。

「今年一番の全力疾走だ、って言っていました」

2回、稲葉のホームランで先制したあと、さらに2アウト1、3塁と追加点のチャンスをつかみ、打席にプロ19年目の金子が入った。

フルカウントから、ひとつファウルを挟んで7球目、金子の打球は三遊間へ。ショートの坂本勇人《さかもとはやと》が深い位置でこれを取ったが、全力疾走する金子を見て、ファーストへの送球をあきらめた。貴重な2点目をもぎ取る、タイムリー内野安打となった。

全力でファーストを走り抜けた金子だが、そこからゆっくりとベースに戻る途中、左ヒザのあたりを押さえうずくまってしまった。駆け寄ると、金子はこう言った。

「監督、ちょっと待ってください。いま、はまりますから」

プレー中にヒザが外れるとか、はまるとか、いったい何事かと心配したが、本人が大丈夫だというから、しばらく様子を見ることにした。

たくさんの古傷を抱える満身創痍の金子は、5月に左ふくらはぎを、6月には左の後十字靭帯を痛め、2回登録を抹消されている。シーズンの後半も、もう一度ファームに落として、ゆっくりとコンディションを整えさせたほうがいいのではないか、そう思ったこともあった。

しかしある日、ふとつぶやいた金子のひと言が、腹を括らせてくれた。

「たとえ壊れても勝負しますから、監督、もう僕のことは心配しないでください」

それは金子誠という男の覚悟、そのものだった。けっして言葉数は多くはないが、いつも背中でチームを牽引してくれる。

「マコト、無理させるけど、最後までもたせるからね」

金子には絶対にチームにいてもらわなければ困る。だから、チームのためにも、本人のためにも、彼をシーズンの終わりまでグラウンドに立たせる責任が、僕にはあった。

そして、そんな金子の覚悟が全力疾走というプレーになって現れ、日本シリーズでもチームを奮い立たせてくれたのだ。

根拠があった「2番セカンド・今浪」のスタメン起用

そしてこの第3戦には、もうひとつ触れておきたいポイントがある。

ウチの場合、上位打線で選手起用が流動的になるのは、キャプテン・田中賢介の故障で空いた〝2番セカンド〟の枠だった。

このシリーズ、第1戦は21歳の杉谷拳士、第2戦は20歳の西川遥輝と、特にシーズン後半に重用してきた若い選手を起用した。ある意味、それがウチらしい戦い方といえた。

しかし、第3戦ではその2人をいずれも起用せず、〝2番セカンド〟には28歳の今浪隆博を指名した。レギュラーシーズンの出場はわずか13試合にとどまり、うちスタメンは6試合。その7試合目が日本シリーズの大舞台となった。

起用の根拠はあった。今浪の状態がいいのは、クライマックスシリーズの頃からわかっていたから。バッティング練習を見ていても、悪いときとは全然違う。いまなら打てるなって。

でも、クライマックスシリーズでは、実はベンチにも入れていない。バックアップ要員ではなく、使うならスタメンで、と決めていた。どこかで必ずチャンスはくると思っていた。ここで、それがきたのだ。

その今浪にヒットが出た。貴重な追加点につながる送りバントも決めた。セカンドの守備でも、ピンチを救う好プレーがあった。今浪のように、ひたむきに頑張ってきた苦労人が、ああやって活躍してくれる。チーム力というのは、そういうところにこそ現れるのだと思う。

勝つ確率を求めて、格好悪くてもやるしかなかった

「延長回は、第7戦までの各試合では15回をもって打ち切りとし、第8戦以降は延長回の制限を設けない」

シリーズ開幕前日の監督会議で確認されたルールのひとつである。

「15回をもって打ち切り」とあるが、裏を返せば、我々は延長15回まで戦うことを想定して試合に臨まなければならない、ということになる。ただ、もちろんそれはわかっているのだが、さすがに15回まで計算するのは難しい。

基本的な考え方として、試合は9回までと思って戦ったほうがいい。そして、万が一延長に入ったら、まずは10回まで、次に11回まで、12回までと、その都度更新していったほうがいいだろう。そう思ってやらないと、いいピッチャーをつぎ込めなくなってしまう。出し惜しみをしていたら、結果、負ける可能性が高くなってしまうから。

あの日も9回が終わったとき、ベンチは「この先、どうするの？」という感じだった。

1勝2敗で迎えた第4戦、7回まで5安打無失点という好投を見せていた先発の中村勝から、8回、石井裕也《いしいゆうや》にスイッチ。0対0という先が見えない状況で、我々は継投に入った。

いわゆる勝ちパターンのピッチャーは、宮西尚生《みやにしなおき》、増井浩俊《ますいひろとし》、武田久《たけだひさし》と、まだ3人残っていた。だが、試合が長引いた場合を想定すると、その中の誰かひとりには回をまたいで、2イニング投げてもらいたい。

最初は、石井にいってもらおうと思っていた。シーズン終盤以降、彼の安定感は抜群で、あの時期は一番信頼できる存在だった。右バッター、左バッターの得手不得手がないのも、強みだった。

だが、あの日に限って、その石井の状態があまりよくないように見えたのだ。これは、僕がよく言うところの「肌感覚」で、ある種の勘のようなものである。

では、誰にいってもらうか。2イニングを投げさせたピッチャーは、さすがに翌日使うのは躊躇される。となると、やはり武田久は難しい。彼は抑えのピッチャーだから、翌日も使わなければならない状況は十分に考えられる。ここで無理させるわけにはいかなかった。

そして、1イニング限定の武田久には石井の次、9回にいってもらった。

ウチは後攻である。勝つとしたら、どうあってもサヨナラ勝ちなのだ。すなわち、もはや武田久で締めるという形にはならないわけで、順番を気にしていても仕方がない。

そこで、あの場面は打順で決めた。9回のジャイアンツの攻撃は3番の坂本から始まる。クリーンナップとの厳しい勝負になるから、武田久だった。

これを落として1勝3敗になったら、一気に押しきられてしまいそうな雰囲気になってしまうので、この試合は絶対に落とせない。武田久を投入した時点で、ベンチは「この回でケリをつける!」というムードが高まっていた。

9回表、武田久は2本のヒットとフォアボールで2アウト満塁のピンチを招いたが、レフト・中田のファインプレーにも助けられ、0点でしのいだ。

そしてその裏、2アウトから稲葉が2ベース、小谷野がライト前ヒットとつなぎ、ランナー1、3塁、代打・二岡という最高の場面を迎えた。札幌ドームの盛り上がりも最高潮に達する中、しかし、二岡は敬遠のフォアボールで歩かされ、最後は代打・杉谷がセカンドゴロ。この回も無得点に終わり、試合は延長戦に突入した。

中村、石井、武田久ときて、次は増井につないだ。結局、増井に2イニングを投げてもらうことになって、続く12回は宮西。正直、その後ろの継投のことは、あまり深く考えていなかった。いつものように、信頼するピッチャーをどんどん投入していくだけだ。

根底には「そもそもジャイアンツ打線に対して、15回も凌げるわけがない」という開き直りに近い感覚もあった。先のことを考えて、誰かを取っておこうとするのだけは、やめようと思った。

最後にピッチャーが足りなくなるのは格好悪い、という考えもあるのかもしれないが、バカな監督だって思われても構わない。そんな格好よりも、勝つ確率を求めて、格好悪くてもやるしかなかった。

飯山のサヨナラヒットを生んだ強攻策、その理由

12回裏の攻撃は、下位打線に回っていく打順で、正直にいえば、それほど期待の大きなイニングではなかった。ここは我慢だ、と。

そんな中、先頭の6番・小谷野が2打席連続となるライト前ヒットで出塁。続く中島卓也には、当然のように送りバントのサインを送った。ところが、これが失敗。ランナーが入れ替わって、1アウトで1塁に中島となった。

次のバッターは、8番の大野奨太《おおのしょうた》。ここもサインは、迷わず送りバントだった。2アウトになってもいいから、サヨナラのランナーをスコアリングポジションに送る。

今度は、きっちりと決めてくれた。転がったボールをピッチャーの西村健太朗《にしむらけんたろう》がさばき、ファーストのベースカバーに入ったセカンドの藤村大介《ふじむらだいすけ》に送球。なんでもないプレーに見えたが、これを藤村が捕り損ね、1アウト1、2塁、願ってもないチャンスが訪れた。

ここから打順は9番の飯山裕志、そして1番に戻って陽岱鋼と続く。普通に考えれば確率が高いのは、「守備の人」の印象が強い飯山よりも、はじめて全試合フルイニング出場を果たし、153安打を記録した陽のほうだ。したがってこのケース、最も避けなければならないのはダブルプレーということになる。そういった理由から、飯山の送りバントを想像した人も多かったのではないだろうか。

より専門的にいえば、こういう理由もある。いまの野球では、1点勝負になって2塁にランナーを置いた場面のシフトは、ライトとレフトを前に出し、あえて一二塁間と三遊間を空けるケースが多い。そうすることで、まずは必然的に二遊間が狭くなり、そこを破られる可能性は低くなる。そして、一二塁間や三遊間を抜かれても、ライトとレフトが前に出ているので、普通のヒットだったらそう簡単に2塁ランナーはホームに還れない、そういった狙いだ。まさに、飯山が打席に入ったケースがそうだった。

打球が外野の頭を越えたり、その間を破ったりすれば話は別だが、どうせ普通のヒットを打ってもサヨナラ勝ちにならないなら、ゲッツーのリスクを回避し、2アウトにしてもランナーを2、3塁に進めて、次の陽で勝負、という考え方もあるんじゃないかと。

事実、福良ヘッドは、2回、僕に確認してきた。

「監督、いいですか、普通で？」

「いいです」

「いいんですか、普通に打たせて？」

「打たせてください」

状況を見て、迷って、決断して、打たせるというのとは違う。こういう経験は何度かしてきたが、このときも不思議と、バントという選択肢がまったく浮かばなかったのだ。

心の中では、ずっとつぶやいていた。

「ユージ、頼むぞ。行くぞ、ユージ。ユージ、思いきっていけ。いままで苦労してきたんだ。ここでいけ、ユージ」

飯山でダメなら納得できる、そう思っていたところもある。
結果、2球目のストレートを引っ張った飯山の打球は、低いライナーとなって左中間を破っていった。2塁ランナーの中島がホームを踏んで、サヨナラ勝ち。劇的な幕切れとなった。今年のファイターズを象徴するような試合でもあった。
飯山は本当に苦労してきた。いつも最後までグラウンドに残ってノックを受けて、バットを振ってきた。どれだけ練習してきたかがわかるヒットだったと思う。それにしても、あんな飯山の打球は練習でも記憶にない。はじめて見た（笑）。

吉川が泣いて、そして僕も泣いた

2勝2敗の五分に星を戻したとき、ここからは3連戦だと思っていた。

プロ野球のペナントレースは同一カードの3連戦が基本になって、その積み重ねで日程が成り立っている。日本シリーズは第5戦と第6戦の間に移動日が挟まるが、要はあと3つ、2勝1敗で勝ち越せばウチが日本一なのだ。

このシリーズが始まる前、ひとつだけ心に決めていたことがあった。1年間、先発ローテーションの柱としてチームを支えてきてくれた吉川と武田勝には、絶対に無理はさせない。たとえどんな展開になっても、彼らを投げさせるのは第1戦と第2戦、第6戦と第7戦、そう決めていた。

シーズン中、ある意味、先発陣以上に負担をかけ続けてきた中継ぎ、抑えには、シリーズでも同じように頑張ってもらうことになるが、それでも4連投をさせるわけではない。シーズン中と変わらぬ仕事を求めるだけだ。そういった意味でも、吉川と武田勝に経験のない無理をさせるわけにはいかなかった。

いざ幕が開け、第1戦、第2戦と、その2人でまさかの連敗を喫したあと、吉井理人《よしいまさと》投手コーチがやってきて、彼らが「登板間隔を詰めていきたい」と言っているという。はじめは受け流していたが、その訴えの内容を聞いて、少し考え直した。

「このまま負けるわけにはいかないから」という彼らの気持ちは本当に嬉しかった。しかし、どうあれヒジに不安のある吉川は、間隔を詰めさせるわけにはいかない。しかし、武田勝の気持ちは買ってもいい。結局、ふたりの登板日を入れ替え、第6戦に中5日で武田勝、第7戦までもつれ込んだら中7日で吉川に託そうと決めた。

2人の意気込みを伝え聞いたコーチたちの間では、「本人がいけると言ってるんだから、中4日で勝負させよう」という声もあがっていたという。でも、日本シリーズで勝つことよりも、彼らの将来のほうが大事だという思いは譲れなかった。現役引退後、取材者として20年あまりを過ごしてきた僕は、一時的な無理がたたって、選手生命を縮める結果になったと思われる（本当の因果関係は定かではないが）ピッチャーを何人か見てきた。その現実を思い返しても、ファイターズの選手をそうさせるわけにはいかなかった。

コーチたちにも納得してもらうため、福良ヘッドを呼んで、おそらく僕だけが報告を受けていたリアルな吉川の状態を話した。そして方針を伝え、申し訳ないけど、みんなを納得させてくださいと頼んだ。

しかし、彼が吉井コーチを通じて、間隔を詰めたいと直訴してきたのも事実である。方針を周知させる前に、もう一度だけ本人に確認させてほしいということなり、岸七百樹《きしなおき》チーフマネージャーに行ってもらった。すると、岸は戻ってくるなり、

「絶対に投げるって言ってます。ヒジはなんともないって」

「そんなの言うんだよ、ピッチャーは。絶対に投げさせないから」

「でも、投げないと絶対に悔いが残るって言うんです」

しばらくやり取りしていたが、埒《らち》があかないので、仕方なく吉川を札幌ドームの監督室に呼んで、話をすることにした。第3戦の試合前、僕が軽い食事をとったあとだったから、午後5時くらいだったと思う。

早速、肝心のヒジの状態を尋ねたら、第1戦でああなったのはフォームのバランスが崩れていたからで、昨日、キャッチボールをしていてその原因がわかったからもう大丈夫だと、質問とは違う答えが返ってきた。

「そういうことじゃなくて、オレは日本シリーズよりもおまえの将来のほうが大事だから」

吉川の頑張りがなければ、チームはここまで来ることができなかった。本人がなんと言おうと、その男に、これ以上の負担を掛けるわけにはいかない。

だが、この日の吉川はまったく折れなかった。「チームのみんなのおかげで、ここまで来ることができた。そのチームのために、いま投げないで、いつ投げるのか」というのだ。

その熱い思いを来シーズンに向けてほしい、そう何度も頼んだが、彼は引かなかった。

吉川の目には光るものがあった。必死にこらえていたが、僕も最後はダメだった。

自分のことよりも、チームのことを第一に考えてくれている吉川の心を、エースと呼ぶにふさわしいその魂を、受け止めるしかなかった。

「わかった。1日考えさせてくれ」

監督室での会話は、それで終わった。

そして2日後、2勝2敗で迎えた第5戦のマウンドに、僕は吉川を送り出した。

退場を覚悟してでも、抗議しなければならないときがある

吉川光夫、雪辱のマウンドは、苦い経験となった。

2回表、第1戦でも3ランホームランを打たれているジョン・ボウカーに、先制2ランを浴びると、続く3回にも4安打を集められて計5失点。結局、9つのアウトも取れず、3回途中での降板を余儀なくされた。この交代については、あとで改めて触れる。

2番手には多田野数人《ただのかずひと》を起用した。まだ回が早いこともあり、ここからある程度長いイニングを任せられるピッチャーが求められる場面だった。しかし、その計算に狂いが生じる。

4回表、先頭の寺内崇幸《てらうちたかゆき》が出塁すると、この日、阿部慎之助《あべしんのすけ》に代わって先発マスクをかぶっていた9番・加藤健《かとうけん》はバントの構えを見せる。

その初球、厳しい内角球だったが、加藤はのけぞり、それを避けたかのように見えた。しかし、倒れたまましばらく立ち上がらず、原監督がベンチから飛び出すと、球審は「デッドボール」と「多田野の危険球退場」を宣した。

これには納得がいかない。そもそも当たったようには見えなかったし、原監督が出てきて判定が変わったようにも見えた。当然、抗議に向かう。

まず、球審にはどう見えたのかを確認した。

「投げた瞬間に、危険球の軌道でボールが来ていた」

しかし、バントに行って空振りしたら、仮に当たっていたとしても空振りになるはずだ。

「いや、バントに行く前にもう危険球だった」

十分に納得のゆく回答ではなかったが、球審に、自分の目にはそう見えていたと言いきられてしまっては仕方がない。見解の相違と解釈して、一度はベンチに下がりかけた。

しかし、ベンチの前でコーチたちが「やっぱり当たっていない」という。

そこで、もう一度だけそれを確認しに戻った。判定が覆らないのはわかっている。ただ、納得のゆく説明が聞きたかった。例えば「バントの構え云々の前に、投げた瞬間からボールが頭に向かってきていて、バッターは避けられない感じだった」とか言ってくれれば、納得するしかない。それは、球審にそう見えていたということだから。いくら抗議してもしょうがない。

ところが、球審も興奮していたのか、今度はどう考えても説明におかしなところがあった。

それを聞いて、ブチッとキレた。判定が間違っていたとは言わないが、いま、言っていることは明らかに間違っている。

気付いたら、僕も興奮して、

「そんなの絶対に納得しないからな。絶対に引き下がらないからな」

しまいには、

「退場にしろ！」

とまで、口走っていた。

さすがにチームの士気にも関わるので、日本シリーズで退場はまずいだろうと思っていたが、僕もかなり頭に血がのぼっていたため、つい、その言葉が出てしまった。

正直にいえば、あのときは「お願いだからまっとうな説明で、オレを納得させてくれ」という心境だった。

そしたら、歩み寄ってきた1塁塁審が、

「監督、言い間違えです。興奮して、間違えることもあります」

と言って、その場を収めようとする。

「だったら、間違いでしたってはっきり認めろ」

「言い間違えました」

「わかった。そう見えたんなら、それでいい」

最後はそう言って、ベンチに下がった。

当時、マスコミにも取り上げられたが、柳田浩一《やなだこういち》球審とは、かつてスワローズのチームメイトだった。年齢は5つ離れているが、入団は1年違いで、6年間同じユニフォームを着て、同じ外野手としてプレーした。かわいい後輩だった。

現役最後の年、僕からセンターのポジションを奪ったのは、他ならぬ柳田だった。そんな彼が球審で、僕が監督で、しかも日本シリーズという大舞台で、判定を巡る言い争いをすることになるとは、なんとも不思議な因縁のようなものを感じる。

昔から柳田は、真面目を絵に描いたような男だった。審判としても、1球1球、一瞬たりとも気を抜くことなく、正確なジャッジに努めるその姿には、いつも感心させられてきた。心の底から尊敬できる人物である。

そんな男だからこそ、必死になればなるほど、我を忘れて、言葉を間違ってしまうこともあるだろう。それは、容易に想像できた。

しかしながら、グラウンドの上では、相手の人間性に関わらず、監督として納得できないことには、断固とした姿勢で臨まなければならない。それだけのことだ。

判定は覆らない。でも、あそこは選手のためにも、戦わなければならない場面だった。

少なくとも自分が納得するまでは、引き下がるべきではない。

監督が必死に怒っている、その姿勢は、選手たちにもきっと伝わるはずだから。

ここぞとばかりに審判を叩くのは論外

ただ、あの一件については、はっきりさせておきたいことがひとつある。

試合後、記者に質問されて、僕は「審判がそう見えたなら、それがすべてです」とコメントした。あんなに怒っていた監督が、なぜそのひと言で済ませようとしたのか。「それ以上、聞かないでくれ」とお願いしたその意図は、本当に野球に愛情があるならわかるはずだ。

だが、残念ながらその意図が伝わっていない記者がいたらしい。「なんで監督は文句を言わないんだ」と、事を荒立てようとしていたそうだ。それは論外だ。

選手や監督の評価は、おもに成績によって左右され、一年一年が勝負となる。

一方、審判にとっては経験の積み重ねこそが最大の評価であり、その経験を積んだ者に1年でも長く支えてもらうのが野球界の理想だ。

そして、そんな地道な仕事だからこそ、審判は心ない批判によって致命的な傷を負うこともある。だから、無防備な彼らをここぞとばかりに叩くマスコミには、それをわかって書いているのかと問いたい。

マスコミも含め、我々が生かされているこの野球界において、審判は必要不可欠な、いつもリスペクトされるべき存在である。そんな彼らの一所懸命さによって、我々はプレーさせてもらっているということを忘れてはいけない。

マスコミが、彼らを生かすために何かを発信することはあっても、殺すために発信することは絶対にあってはならない。

chapter 4

「シーズン中も必ずそうしてきた」に潜んでいた落とし穴

再び東京ドームに舞台を移して、第6戦。

3対3の同点で迎えた7回裏、結果的に、ここが勝負を分けたイニングとなった。

ピッチャーはこの回からマウンドにあがった4番手の石井。先頭の長野をフォアボールで歩かせ、続く2番の松本哲也《まつもとてつや》に送りバントを決められ、1アウト2塁のピンチを招く。

ここでの考え方は、続くクリーンナップの3人から、いかにして2つのアウトを奪うか。このあたりのレベルのバッターには、ボールが先行してカウントが悪くなると、やられる確率がかなり高くなる。フルスイングできるカウントでの無理な勝負は禁物だ。際どいコースに投げて様子を見ながら、うまく追い込むことができたら、最後は勝負すればいいし、ボールが先行してカウントが悪くなったら、歩かせて、次のバッター相手にまた一から組み立て直せばいい。

3番は右バッターの坂本、4番は左バッターの阿部、そして、1塁ベースは空いている。この場面、坂本を歩かせて、次の阿部で勝負という考えもあった。阿部が一番怖い存在であることは間違いないが、石井が左ピッチャーであること（一般に左バッターとの対戦では有利とされる）や、阿部の調子が上向きではないということを判断材料にすれば、選択肢のひとつではある。

だが、さすがに阿部の怖さは誰もが肌で感じている。コーチ陣とのやり取りの中で、坂本を歩かせるという考えはすぐに消えた。

その坂本に対しては、1球目ボール、2球目ストライク、3球目ストライク、いい形で追い込むことができた。そして、4球目ボールのあと、5球目、低めに沈む変化球で空振りを奪い、三振。最高の結果で2アウトまでこぎつける。

続く阿部には、1球目、2球目とボールが先行した。「カウントが悪くなったら、歩かせていい」、まさしくそういう状況だ。

得点圏にランナーを置いて、日本球界№1といってもいい強打者相手に、このカウントからストライクゾーンで勝負を挑むのは、あまりにも危険だ。際どいコースのボール球に、バッターが手を出してくれて、ファウルでカウントを稼げたらラッキー、もし打ち取ることができたら最高、というケースである。

ところが3球目は、かなり甘いボールに見えた。かえって意表をつかれたのか、阿部はこれを見逃してストライク。肝を冷やした。

この一球で、もう本当にストライクゾーンには投げられなくなった。

4球目はアウトコースに外れて、3ボール1ストライク。あとは、シーズン中もこういうケースでは必ずそうしてきたように、もうひとつアウトコースに、できれば際どいコースにボール球を放って、阿部が手を出してこなければ、歩いてもらうだけだ。

だが、「シーズン中も必ずそうしてきた」というベンチの意識に落とし穴があった。「ここは歩かせていい。勝負は次のバッターで」という確認が徹底されず、次の一球が、日本一の行方を左右することになる。

運命の5球目、タイミングは全然合っていなかったが、阿部にはそれをヒットにする技術と勝負強さがある。打球はセンター前に抜けていき、ジャイアンツに決勝点が入った。

明確に「歩かせろ」と指示していれば、結果は違っていたはずだ。当然わかっているだろうと思い込み、肝心なところを徹底しきれなかったこれは、明らかに僕の責任だった。

「4番・中田翔」の本当のはじまり

少しイニングが戻るが、中田の同点3ランは本当に嬉しかった。1年間やってきて良かった、4番で使い続けてきて良かった、心の底からそう思わせてくれる一発だった。しかし、彼が4番の覚悟を見せてくれたのは、あの打席だけではなかった。むしろ一番価値があったのは、あの次の第4打席だ。

6回表、自らのホームランで同点に追いついて、7回裏、また1点を勝ち越されて、迎えた8回表、中田は先頭バッターとして打席に入った。ピッチャーはこの回からマウンドにあがったスコット・マシソン。その1ボールからの2球目だった。

中田はものすごいフルスイングを見せた。力強さだけを見れば、打球をレフトスタンドまで運んだ前の打席以上、魂のこもったひと振りだった。残念ながら打球は前には飛ばず、ファウルチップとなったが、あのスイングにこそ価値があったと僕は思っている。

第2戦、デッドボールを受けた中田の左手甲が、実は骨折だったという事実が判明したのは、シリーズが終わった2日後、札幌で精密検査を受けたときだった。だが、その診断結果を待つまでもなく、中田が相当の痛みを感じているであろうことは、我々にも想像ができた。

そんな状態にも関わらず、あの打席、彼が見せてくれたフルスイングには、心が震えた。いかに心が身体を動かすか、そのことを証明してくれたのだ。そして、痛いとかそういうことではなく、気持ちが入ったら、自分自身がいけると思ったら、いつだってあのスイングができるんだということを、中田が肌で知ったことが、あの日本シリーズで一番の財産だった。

4番バッターは打席に立ち続けなきゃならない。チームを勝たせなきゃならない。シーズンのはじめ、開幕から20打席以上ノーヒットという苦しみを味わった男が、最後の最後に、本当の意味での4番としてのスタートを切った。

1年間やってきたファイターズらしい野球ができた

1点を追う9回表、1アウトから二岡を代打に送った。欲をいえば、ランナーのいる場面で彼の名前を告げたかったが、二岡という、とっておきのカードを、最後の試合でもきっちりと使いきることができた、そのことには意味があったと思っている。

「とっておき」というのは、いざというときのために、大切にしまっておくことをいうそうだ。だが、大切にしまっておくだけでは意味がない。欲張りな僕は、できることなら毎試合、とっておきのカードを使いきりたい。

そんな監督の性格からか、ウチはかなり早いイニングで野手をほぼ全員使い切っているとか、そういう試合がよくあった。あとで勝負所が来るかもしれないと待っていても、それが必ず来るとは限らない。終盤に点差が開いてしまったら、勝負なんかできなくなる。僕はそれがイヤなのだ。とにかく、勝負ができるときに勝負をしてしまいたい。早めに勝負してしまって、コマが足りなくなるのはしょうがないと思っているから。

試合が終わったときに二岡が残っていると、僕はそれを後悔する。試合に勝っていればまだいいが、それで負けたなんてことがあると、後悔は100倍にも膨れあがる。あれほどのいいバッターを使わずに、代打の切り札をベンチに残したまま負けるなんて、絶対にありえない。「おまえ、なにやってんだ！」と自分を叱り飛ばしたい気分になる。

実際、シーズン中にはそういうケースが何回かあった。ゲームセットを迎えて、そこでようやく「あ、二岡を使えてない……」と。それは、僕が勝負所を間違っているということ。だから、いい場面で使ってあげられないのだ。

結果的に最後の試合となった日本シリーズ第6戦、二岡をコールして、すべてを出し尽くすことはできた。それがファイターズらしい戦い方なのだと思っている。

また、ファイターズらしいといえば、二岡がフォアボールで歩き、陽が三振に倒れて2アウトになったあと、しぶとくライト前に運んだ鶴岡慎也《つるおかしんや》のバッティングも、ある意味、1年間やってきたことの集大成だった。最後まで絶対に諦めないという姿勢は見せられた。

それにしてもあのラスト。

糸井の打席は、打った瞬間、セーフだと思ったんだけどな……。

chapter 4

セレモニー終了後、東京ドームの食堂で選手全員を前にして

負けたら、いつも悔しい。でも、あんなに悔しかったのは生まれてはじめてだった。

だから、誰とも目を合わせたくなくて。でも、原監督にだけは、目線で一礼して下がろう、と。それは誰かに見せるものではなく、２人だけがわかればいいものだから。

と思っていたら、原監督が歩み寄ってきて、またハグをされた。

原監督も現役引退後の数年間、僕と同じく、野球を伝える側にいた時期がある。その頃からいつも共有させてもらってきたのが、野球界のためになにができるか、それをしっかりと考えることだった。伝える立場にいたときは、きちんと伝えることが野球界のためになる、そう信じて取り組んできた。

では、監督になったいま、僕は野球界のためになる、なにかができているのか。

あの原監督のハグは、日本シリーズで野球界のためになる勝負ができた、それを認めてくれた密かなメッセージのようにも感じた。

セレモニー終了後、選手をはじめチーム全員が食堂に集まって、大社《おおこそ》啓二《ひろじ》オーナー代行のねぎらいと激励の言葉に耳を傾けた。

そして、「監督、ひと言お願いします」と声を掛けられ、

「みんな、よくやってくれてありがとう」

そう言おうと思ってみんなの顔を見ていたら、感極まってしゃべれなくなってしまった。

曲がりなりにもチームの指揮を執ってきた監督ともあろうものが、ここでしゃべれなくなるのは「なし」だなと自分でも思ったんだけど、ダメだった。

あとでチーフマネージャーの岸に
「大丈夫かな。さすがにダメだよな」

と聞いたら、

「いや監督、気持ちは伝わっていました。どういう思いでやってきたのか、みんなわかったと思いますよ」

ありがたい。岸はいつも僕に優しい。

「悔し涙はダメだ」。そう僕はずっと言い続けてきた。悔し涙なんか流しているヒマがあったら、今度こそ勝負に勝てるように練習しろと。でも、感動の涙はいい。感動は推進力になる。力に変えられる。

だから言い訳するわけじゃないが、あのとき流したのは、悔し涙ではなかった。みんな

の顔を見たとき、「本当によくやってくれた。ありがとう」という思いが込みあげてきて、そう、あれは感動の涙だった。

ただ、その一方で「勝たせてあげられなくて悪かったな。この悔しさを忘れないで、来年やろうな」という思いもあった。ということは、悔し涙も混じっていたということか。選手にはどう伝わったのだろうか。

岸は慰めてくれたけど、やっぱりあれは失敗だった。

chapter 4

運を引き込めなかったということは、自分になにかが足りなかったということ

日本シリーズを振り返って、思うことはたくさんある。

忘れもしない第6戦の7回表、2アウト満塁のチャンスで糸井嘉男が放った打球は、打った瞬間、「行った!」と思った。それがライトの真正面に飛んで、フェンス直前、長野が頭上でこれを押さえた。

バットがボールをとらえたミートポイントなのか、打球の方向なのか、角度なのか、何かがほんの少しでもずれていたら、あの打球が勝利を呼び込んでいたしとても不思議ではない。

では、なぜそれが長野に好捕されたのか。きっと、単純な運なのだと思う。我々はその運を引き込むために、あらゆる手を尽くしてきた。だから、運を引き込めなかったということは、自分に何かが足りなかったということになる。それを来年、絶対に足りなくならないようにしてあげなければならない、それが僕の仕事だ。

chapter 4

勝負事というものは、やるときは徹底的にやらなければいけない

日本シリーズを戦っていて、ひとつだけ意外だったことがある。

原監督に率いられたジャイアンツは、過去4回、日本シリーズに出場している。その戦い方を見てきて、対戦相手のウィークポイントを分析して臨むというより、自分たちの野球をやって力でねじ伏せる、そういった姿勢というか、印象を受けることが多かった。いつも、それだけの戦力が揃っていたし。

ところが、実際に戦ってみると、ウチが「ここを、こういうふうにやられたらイヤだな」と思う攻め方を、ことごとく実行された。きっと徹底的に分析し尽くされていたんだと思う。データ収集と分析に長けた、橋上秀樹《はしがみひでき》戦略コーチがいたことも大きかったのではないだろうか。

自分の中では、データをどこまで重視すべきか、まだ少し半信半疑なところがあった。あまり重視しすぎると、選手のよさが消えてしまう危険性もあるからだ。たぶん、その考えは大きく間違ってはいないと思う。

ただジャイアンツと戦っていて、勝負事というものは、やるときは徹底的にやらなければいけない、ということに気付かされた。それができないと、こういうふうにやられるんだって。

〝いつも〟やるということではなく、〝やるとき〟はやる。いったんデータの示す通りに動くと決めたら、データがすべてと思ってやったほうがいい。あのジャイアンツがここまでやるんだったら、我々はもっとやらなきゃいけない。

古今東西の兵法書の中でも、最も著名な『孫子』の教えに、

「彼を知り己を知れば、百戦して殆うからず」

という有名な言葉がある。

敵についても味方についてもその情勢を知って、長短優劣を把握していれば、たとえ百回戦っても危機に陥ることはない、といった意味である。

この言葉はもちろんよく知っていたが、心のどこかで敵を知ることよりも、己を知ることに、より強く意識がいっていたような気がする。相手に左右されることなく、まずはしっかりと自分たちのよさが出せればと、そればかり考えていた。

ところが、やっぱり両方ないとダメだった。それがわかった。というか、ジャイアンツほどのマンパワーはないが、データ収集や分析にはもちろんウチも取り組んでいる。だが、もっと確認して、徹底して、気持ちをそこに集中させるところまで持っていかないと、やったことにはならない。そういうことなんだと思う。

これでもしウチが日本一になっていたら、どうだろう。やっぱり自分たちのよさを出せばいいんだという方向を、僕は強く訴えてしまっていたかもしれない。負けてはじめて、それだけでは勝てないんだということに気付かされた。

日本シリーズで負けて学んだことがあるとすれば、そういったことなのかもしれない。

マウンドに送り出した以上、彼に試合を任せる責任があった

後悔はない。戦いだから誤算はあるが、後悔があるかと問われても、それはないと答え

る。

それでも、もしひとつだけ後悔に似た感覚があるとすれば、第5戦、吉川をもう少し早く代えてやったほうが良かったかもしれない、という一点だ。

吉川や武田勝といった先発ローテーションの柱となるピッチャーは、「どっちに転んでも、この試合はおまえに任せた」という気持ちで、いつもマウンドに送り出している。だが、短期決戦となる日本シリーズにおいては、続投させるのは2~3点取られるまで、というはっきりとしたイメージも持っていた。

ただ、それと同時に、また別の考えも生まれていた。絶対に無理はさせないという決意を覆し、吉川を第5戦に先発させることを決めたとき、投げさせる以上、中途半端な代え方だけはしてはいけないと思ったのだ。例えば、イニングの途中でマウンドを降ろさせるようなな。それは彼の将来のためにも、やってはいけないと。

2回に2点を失い、3回表、坂本のタイムリーヒットで3点目を失った。ここまでは我慢で良かったが、次の4点目はなんとしても食い止めなくてはならない。

その後、1アウト1、3塁とさらにピンチを広げてしまうが、この場面、ブルペンのピッチャーと吉川を比較したとき、たとえこの状態であっても、外野フライを防ぐ確率は吉川のほうが高いと踏んだ。その判断は間違っていなかったと思う。

だが、結果は次の矢野謙次《やのけんじ》に犠牲フライを許し、次、もうひとりランナーを出したら代えようと準備していたら、エドガー・ゴンザレスにまさかのタイムリー2ベースを打たれた。長打を打たれるイメージはまったくなかったので、正直、あそこで5点目を奪われるとは思っていなかった。

あそこで試合を壊してしまったのは、僕の責任だ。なぜあそこで代えないんだと、批判もされた。私情を挟んだと指摘されれば、そうなのかもしれない。けれど、それでも後悔はしていない。

2日前、吉川はこう訴えてきた。

「チームのみんなのおかげで、ここまで来ることができた。そのチームのために、いま投げないで、いつ投げるのか」

たとえ、自分の将来を投げ打つことになろうとも、いま、チームのために投げたいと直訴してきた吉川の思いに、心を打たれた。そして、あの日、マウンドに送り出したのだ。

だからこそ僕には、彼に試合を任せる責任があったと、いまでもそう思っている。

第5章 感謝をこめて

監督になって、気が置けない友人に冷やかされることがある。

「あんな歯が浮くようなセリフ、よく言えるね」って。

友人が言うのは、「命懸け」とか、「泣きそう」とか、そういった僕の発言のことだ。

そう言われても、僕は本気で「命懸け」なんだし、本当に「泣きそう」なんだから、こればかりは仕方がない。気持ちをありのままに表現する言葉が、他に思い浮かばないのだ。

去年は、一生分の感動をした。最高に幸せな一年を過ごした。

いまは、「感謝」以外の言葉が見当たらない。

日本シリーズ終了後、辞表を提出しようとしたわけ

日本シリーズ終了後、最初に考えたのは「辞表を提出しよう」ということだった。実はそれを書いたのは意外と早い時期で、10月17日、クライマックスシリーズの初戦が始まる前、札幌ドームの監督室で筆を執った。

辞表というものを書いたのは、生まれてはじめてのことだった。いままでは、自ら辞するというより、「お疲れさまでした」って、肩を叩かれた経験しかないから。

これが結構悩んだ。封筒の表に大きな文字で「辞表」と書くところまではイメージ通りだが、では、中に入れる便箋には、いったいなんと書けばいいものか。慣れている人に聞こうにも、辞表を書き慣れている人なんてそういるものじゃない。

結局、「チームに対して責任を果たすことができなかったので……」といった感じで、辞意を表す内容となった。どうしてその日に書いたのかといわれると、これといった理由があるわけではないのだが、いま思うと弱気になっていたんだと思う。

前にも触れたが、クライマックスシリーズはある意味、不公平な戦いといえる。ペナントレースを制したリーグ優勝チームには、「絶対に負けられない」という大きなプレッシャーがのしかかり、対照的に2位以下で進出してきたチームは、「失うものはない」という楽なスタンスで臨むことができる。はなから、両者の精神状態がまるで違うのだ。

しかも、ファーストステージから勝ち上がってきたのは、2位のライオンズではなく、3位のホークスだった。ウチが最も苦手としていた相手で、シーズンの対戦成績は、ファイターズの9勝13敗2分け。レギュラーシーズン中には何度か夢にまで出てきたものだ。

そのプレッシャーと苦手意識で、どこか弱気になっている自分がいた。そこで、その弱気をすべて辞表に押し込めて、自信満々でグラウンドに出ていった。

辞表は、もし日本一を逃がしたら提出するつもりだった。選手たちは勝つために一所懸命やってくれたのに、そこに導いてやれなかったのは誰の責任か。そういわれたら、ひとりしかいない。元々、すべての球団が日本一になるためにやっているわけで、その目標が達成できなかったら、現場の責任者である監督は、契約年数に関わらず、職を辞するお伺いを立てるべきだ、と。これは、あくまでも僕の価値観なので、監督全員がそうあるべきだとは思わないが。

その価値観のもと、日本シリーズに敗れた直後、辞表を提出した。厳密には、提出しようとしたのだが、それはしまっておいてくださいと制されて……、いまも札幌ドームの監督室に保管してある。あのときの思いを忘れないように。

感激しっぱなしだった優勝パレード

11月24日、札幌市内の中心部で優勝パレードが行われた。オープンカーとオープンバスに分乗し、札幌駅前からススキノまでの約1・3キロを、1時間ほどかけてパレードした。実行委員会の発表によると、沿道には10万人以上のファンが集まってくれたという。

約1年前の12月4日、「ファンフェスティバル２０１１」にサプライズゲストという形で参加させてもらったとき、ファンの皆さんにこうあいさつさせてもらった。

「シーズンが終わったとき、ファンの皆さんと最高の祝杯をあげたいと思います。北海道のこの時期、空には雪が舞います。優勝して、優勝パレード、そして色とりどりの紙吹雪で北海道の大地を埋めたいと思います。応援のほど、よろしくお願いします」

日本一は逃したけれど、優勝パレードの約束が果たせて、本当に良かった。

この日の札幌地方は快晴。「雪ときどき紙吹雪」とはならなかったが、色とりどりの紙吹雪で祝福ムードを盛り上げてもらって、感激しっぱなしだった。

そして、もちろんはじめての体験だったので、少し驚いたこともあった。あんなに大勢、10万人以上もの人がいるのに、沿道からの声が、意外とよく聞き取れるのだ。

パレードが始まってまもなく、よく通る、年配の女性の声が聞こえてきた。

「監督、１年間ありがとう！」

奇をてらった言葉でもない、ごくありふれたひと言だったけど、それがものすごくストレートに伝わってきた。リーグ優勝が決まってから、面と向かって「ありがとうございます」と言ってもらうことはよくあったけど、パレードの真っ只中、沿道から届いたその声は、格別な響きに感じた。たくさんの声援をかき分けて、わざわざ僕のところまでやってきてくれたような、そんな感じがして本当に嬉しかった。

監督が優勝旅行に参加することの意味

当初、優勝旅行に参加するのは辞めようと思っていた。

僕の場合、連れていって喜んでくれる家族がいるわけでもないし、監督がいたんじゃ気が休まらないという者もいるだろう。せっかくの機会だから、選手には家族サービスに徹してもらって、スタッフには思う存分、羽を伸ばしてもらいたかった。

そんなある日、マリーンズへの移籍が決まった清水コーチから、こんなことを言われた。

「監督、お願いがあります。僕が言える立場じゃないけど、優勝旅行だけは来てください。僕も行きますから。選手が一番嬉しいのはなにかって、監督にありがとうって言ってもらうことなんです。みんなのおかげで勝ったって言ってもらうことで、みんな救われるんです。そのためだけでも行く価値はあります。監督がいなかったら、みんなつまらないですから」

ありがたいアドバイスだった。

もし、それでみんなが喜んでくれるというなら、絶対に行くべきだ。清水コーチのそのひと言で、僕はあっさりと前言を撤回し、優勝旅行への参加を決めた。

なにかとはじめての体験が続いていたが、チャーター機というやつに乗ったのもはじめてのことだった。これはものすごく感じるものがある。もちろんチームの関係者しか乗っていないし、食事のメニューや、シートカバーにも、ファイターズのマークや優勝ロゴが付いている。これはテンションが上がる。

僕の横のシートは空いていた。そろそろ寝ようと思ったら、そこに酔っ払った岩舘学がやってきた。「監督、いいですか」って。

岩館はジャイアンツ時代に優勝を経験しているけど、本当の意味で、優勝に貢献できたという実感があったのは、今回がはじめてだったようだ。

「今回、はじめて嫁さんが、心の底から優勝旅行を楽しめるんです」

それは良かった。ちょうど出発前のセレモニーでも「選手は楽しまなくていい。家族のために命懸けでこの6日間尽くしてください」とあいさつしたばかりだったから（笑）。

それにしても、3月31日の開幕第2戦、彼のあの一打がなかったら、ファイターズの2012年はいったいどんなシーズンになっていたのだろうか。

1点を追う9回裏、代打・岩館の同点タイムリーが呼び水となり、続く田中賢介のサヨナラヒットが生まれた。あの劇的な開幕2連勝があったからこそ、チームは前に進めた。

7月頭、チーム事情から彼の登録を抹消した。よく練習するし、チームのためにいつも献身的にプレーしてくれる。本当にベンチに置いておきたい選手だっただけに、ファームに落とすときは心が痛んだ。そのときの話を切り出したら、

「監督、僕が思っていたより1カ月長く一軍にいました」

と、拍子抜けするような答えが返ってきた。控えめなところが、苦労人の岩館らしい。

お酒の力も手伝い、機内の岩館は饒舌だった。いつも寡黙にプレーする岩館のそんな姿を見ていると、また優勝の喜びがじわじわと込みあげてきた。これは何度込みあげてきて

も、いいものだ。

優勝旅行先のハワイでは、普段はほとんど接することのない、たくさんの選手の家族たちと交流を図ることができた。僕はひたすら「ありがとうございました」と「ご迷惑をお掛けしました」を繰り返すばかりだったが。

特に印象的だったのは、貴重なセットアッパーとしてリーグ優勝に大きく貢献してくれた石井裕也の奥さんを紹介されたときのことだった。

最後のゲームとなった日本シリーズの第6戦、負け投手になったのは石井だった。負け投手といっても、彼に責任があるわけではない。マウンドを託したのは監督である僕だし、大切な指示が明確に伝わっていなかったのはベンチの責任だ。そしてなにより、そもそも石井の活躍がなければ、チームはあの舞台に上がることもできなかった。

その数日後、ある話を伝え聞いた。石井は敗戦翌日の新聞を切り抜き、「石井で負けた」という見出しの記事を自分の部屋に貼っているという。

ずっとそれが気に掛かっていた。彼がその悔しさを糧にしてくれるのであれば、それはそれでいい。だが、その切り抜きを、家族は毎日どんな思いで見ているのだろうかと。

石井の奥さんを紹介されたとき、その思いを素直に伝えた。

「奥さん、本当にすみません。石井で負けたことは納得してるし、こいつのおかげであそこまでいったのに、最後は背負わせるようなことになっちゃって。悔しくて新聞記事を貼っているって聞いて、本当に申し訳なくて。逆に感謝してるんです。本当にごめんなさい」

そしたら奥さん、泣き出しちゃって……。

その姿を見ていて、家族も一緒に戦ってくれているんだということを実感した。奥さんは、打たれたことが、チームに申し訳ないというふうに純粋に思ってくれていた。そこには、自分の旦那がよければいいみたいいものが、まったく感じられなかった。

だから、ウチは勝てたんだと思う。そんな家族に支えられていたからこそ、勝ちきることができたんだと思う。そして、やっぱり勝たなきゃダメなんだって、改めて強く思った。家族の皆さんの嬉しそうな顔を見て、こんなに喜んでくれるんだって。

でもその分、少しだけ憂鬱なこともできた。みんなに家族を紹介されて、あぁ、これからファームに落とすときは、きっと家族の顔が思い浮かぶんだろうなぁ……。

chapter 5

軽トラに長靴姿で優勝パレード

僕がはじめて北海道の栗山町を訪れたのは、1999年3月のことだった。ファイターズが北海道にやってくる5年前のことである。

青年会議所（ＪＣ）から、栗山町ＪＣ創設30周年記念イベントの一環として、栗山町の観光大使になってほしいという依頼を受けてのことだった。偶然、同じ名前だから、というそれだけの理由で、栗山英樹だったらしい。

それがきっかけで、町の人たちとの交流が始まり、映画『フィールド・オブ・ドリームス』が大好きだった僕は、やがてそこに野球場を作ることになる。夢にまで見た天然芝の野球場は『栗の樹ファーム球場』と名付けた。

当時、栗山町ではいつも長靴姿だったこの男が、それから10年以上を経て、北海道のプロ野球チームの監督になるだなんて、誰が想像しただろうか。

そして、監督になってからも、栗の樹ファームでは相変わらず長靴姿で過ごしていたこの男が、１年目にいきなり優勝監督になるだなんて、いったい誰が予想しただろうか。

２０１２年12月22日、栗山町の目抜き通りで、手作りの優勝パレードが行われた。13年前、僕のことをまるで町の人間のように受け入れてくれて、以来、いつも暖かく見守り続けてくれた町の人たちが企画してくれたものだった。

札幌でのパレードの日は快晴だったけど、この日の栗山町は雪。

「雪ときどき紙吹雪」の夢がここで叶った。

いつも農作業などに使っている軽トラの荷台に乗り、町の子どもたちにロープで引っ張ってもらった。長靴姿で沿道に手を振った最初の監督だと思う。

人口1万3千人あまりの町に、6千人ものファンが集まってくれた。実際にはもっと多く感じたけど、みんな大わらわで、途中から数えられなくなっちゃったのかもしれない。

当日は、北海道在住のイラストレーターKinproさんに描いてもらった、栗の樹ファームオリジナルのリーグ優勝記念マグカップやTシャツなどを、JR栗山駅のイベントスペースで販売したが、マグカップなどはわずか10分足らずで完売してしまったという。こんなに来てもらえるとは思っていなかったから、計算が甘かった。

友人が営む酒屋では「栗山監督優勝パレード特別記念酒」とやらを売り出し、その酒蔵にもひっきりなしに人が訪れ、のべ千人近くを数えたらしい。

そして僕はというと、パレードのあと、約2千500人の人たちと記念写真を撮った。ざっと5時間半くらいかかった。その間、僕はずっと建物の中にいたから平気だったけど、長い行列に並んで、外で待っていてくれたファンの皆さんは大変だっただろう。あの時期の北海道にしては比較的暖かい日だったとはいえ、やっぱり寒かったと思う。

地域のひとたちがつながる。スポーツによって人がつながって、町が元気になる可能性がある。本当に幸せな1日だった。

kinproさんに描いてもらったイラスト©kinpro

chapter 5

なぜ、栗の樹ファームを作ったのか

〝If you build it, he will come〟

「それを作れば、彼は来る」

映画『フィールド・オブ・ドリームス』で、ケビン・コスナー演じる主人公のレイ・キンセラが、ある日、とうもろこし畑で耳にした〝声〟である。

僕は映画館でその〝声〟を聞いて、それを作ってみた。そしたらやっぱり、信じられないようなことが次々と起こった。本当にファンタジー映画かと思うくらいに。

映画公開からはもう随分経っていたが、そのロケ地を訪れたことがある。シカゴから西に、車で約3時間。アイオワ州のダイアーズビルという小さな町だった。そのときの経験が、栗の樹ファームを作る、最後の後押しになった。

外野をとうもろこし畑に囲まれた球場は、世界中からこの地を訪れる人々の寄付によって、きれいな状態で保存されていた。しばらく感慨にふけっていたら、たまたまそこにいたアメリカの子どもや、日本の子どもや、台湾の子どもが、みんな一緒に野球をやり始めた。環境さえあれば、こんなにすごいことが起こっちゃうんだ、と感心した。なにも言われなくても、言葉も通じないのに、自然と友達になってしまうんだもの。

そういう光景を見たものだから、以来、夢を単なる夢とは思わなくなった。絶対に作らなきゃ、というわけのわからない使命感に燃えて、それで北海道に作り始めた。

子どもたちが夢を持って、自然と向き合えて、いろんなことを感じられて、ひっくり返ったり転んだりができる場所、それが発想の原点だった。だから天然芝じゃなきゃダメだったし、外野のフェンス代わりに、映画にならってとうもろこしを植えた。子どもが突っ込んでもケガをしないように。とうもろこしならバサッと倒れるから。その後、連作はダメだとか言われて、ひまわりに変えてみたりするんだけど。

そんな僕に付き合ってくれた、栗山町の人たちには本当に感謝している。

運命的な出会いだったのかもしれない。偶然、同じ名前だから、という理由で引き合わせてもらって、実際に訪れてみたら、Jリーグのコンサドーレ札幌の練習場を1年で作ってしまうくらい、町民にパワーがある町だった。僕の夢を話したら、あ、ここだったらできるかもしれないって。

『フィールド・オブ・ドリームス』は、球場に向かう車の、途切れることのない長い列を俯瞰で捉えた、印象的なラストシーンで幕を下ろしている。

栗の樹ファームもリーグ優勝間近の頃は、そういう光景が見られたという。何台もの車が連なって、そこを目指してくる。あれは、まさしく映画の世界そのものだったと。

あの球場を作っていなければ、自分はきっと監督になっていない。

"If you build it, he will come"

監督業の原点は、栗の樹ファームの自然が教えてくれたこと

この冬は、例年より早く雪が降ってしまったため、樹木を積雪や冷気から保護するための「冬囲い」が間に合わなかった。木は守ってあげないと、ネズミが木の幹を噛んで、水があがらなくなって枯れてしまう。このままではいけないと思って、急いで冬囲いの準備をした。

自然というのは、手を加えてやったら、加えた分だけ返してくれる。すぐには返してくれないけど、いつか必ず返してくれる。3年前に蒔いた種が出てきたりだとか、2年前に肥料をあげた芝がとてもよくなっていたりだとか。でも、やっぱり時間はかかる。

実はこれが、自分の監督業の原点になっている。選手を信じて、本当に尽くしていけば、いつか必ず反応してくれるはずだという信念は、栗の樹ファームで接してきた自然に教えられたことだった。栗山町に来て十数年、草木に向き合ってきたことが、間違いなく、いまの自分を作ってくれている。もし優勝の一因が自分にもあるとすれば、それは自然が教えてくれたことなのだ。土と一緒になったことが、僕を変えてくれた。

だからいま、一番気を付けているのは「慣れ」。本来、自然というのは慣れるものではなく、毎日どんどん変わっていくものだ。人間は、それに対応していかなければいけない。選手に対してもそう、変に慣れないほうがいい。そのためにも、2年目は、1年目以上に緊張感を持って、初々しく取り組まなければいけないのだが、それは意外と簡単なことではない。なぜなら、人は去年と今年を比べることができるから。

だったら、どうするか。もっと必死に選手に向き合う。それしかないと思っている。

chapter 5

わがままにならないようにと、自分と交わした約束

栗山町との出会いまで話題が遡ったところで、もう少し昔のことも思い出してみたい。

僕がいま、選手たちにもっと必死に向き合わなければいけないと思っているように、子どもの頃の僕と、いつも必死に向き合ってくれた人がいた。父である。

父は、野球だけはやることを許してくれなかった。だから、僕が野球に没頭しそうな環境を選ぼうとすると、ことごとく反対された。高校は、憧れの存在だった原辰徳さん（現在のジャイアンツ監督）の東海大相模高校に進みたかったし、大学は、伝統ある東京六大学で野球をやりたかったが、父はそれを許してくれなかった。

それは息子の将来を心配する、親心だったわけだが、当時の僕はそれを理解しようとはしなかった。逆にその抑圧された精神状態が、のちのプロ入りに結びついている。

高校、大学と希望通りに進学できなかったから、大学の卒業を半年後に控え、その溜まりに溜まった思いが爆発した。周囲の反対を押しきり、いいからやらせてくれとお願いして、プロ野球の入団テストを受けにいったのだ。

父はそれを許してくれた。教員免許を取得したことで、これでどうにか食いっぱぐれずに済みそうだ、とでも考えたのだろう。どうせテストに合格するわけがない、そう高を括っていたのかもしれない。

小さな頃は、とてもわがままな子だったという。気に入らないことがあるとすぐにふくれて、言うことを聞かなくなってしまう。そこで、このままじゃダメだと思った父が、僕に野球をやらせた。

50歳を過ぎたいまも、どこかしら、まだそのわがままな部分は残っている気がする。

そんな自分のマイナス面は、ある程度自分でもわかっているから、監督になってはじめての正月、1月1日に、これだけは守ろうという自分との約束を書き出した。それは「口に出したことはやる」とか、そういうシンプルなことばかりなのだが、シーズン中も何回か見直す機会があった。自分との約束は守れているだろうかと。

わがままにならないようにと、自分と交わした約束は、子どもの頃に父が僕にくれたプレゼントなのだと思っている。

育ててもらった環境は大きいと、つくづく思う。

10個エラーしてもいい、明日9個になればいい

父のほかに、僕の人生に大きな影響を与えてくれた、恩師と呼べる人がひとりいる。

22歳でスワローズの一員になったとき、二軍監督だった内藤博文《ないとうひろふみ》さんだ。

1年目、年俸は360万円だった。月給に換算すると30万円。いまから約30年前に、それなりにもらっていたように映るかもしれないが、実はそんなことはない。

税金を引かれて27万円、寮費を引かれて25万円、バットを買うと20万円くらいかかったからあっという間に5万円になって、さらに手袋を買うと、手持ちが2万円を切っていたということもざらにあった。当時はよっぽど活躍しないとメーカーからも道具はもらえなかったので、早く一軍に上がらないと生活はどうしようもなかった。

しかも昔は、球団が獲得した選手が10人いるとして、その中からふたりを一軍に送り込めれば、名指導者といわれた時代があった。

そうすると二軍の指導者は、素材のいいふたりをはなから特別扱いするようになり、彼らに時間を割くために、全体練習の時間は必然的に短くなる。全体練習が終わって、僕みたいな選手に声を掛けてくれる人は誰もいなかった。自分でやって、みたいな感じだ。

そんな中、二軍監督の内藤さんだけが、僕のことを気に掛けてくれた。

現役時代、ジャイアンツの選手だった内藤さんは、テスト入団からレギュラーの座を勝ち取った、球団史上最初のひとりだった。だから人一倍、テスト生への愛情が強かったのかもしれない。あとから聞いた話だが、僕がテストを受けたときも、「栗山を獲ってもいい」と言ってくれたのは内藤さんだけだったそうだ。

二軍とはいえ監督という立場なのに、全体練習が終わると、内藤さんは僕を連れ出し、ノックを打ってくれたり、ボールを投げてくれたりした。そして、なんとしてもその思いに応えようと、毎日、死に物狂いで頑張った。だが、周囲とのレベルの差は、そう簡単には埋まらなかった。

開幕は二軍で迎えた。一方でその年、一軍の開幕投手に抜擢されたのは、同期入団のルーキー・高野光《たかのひかる》だった。新人の開幕投手は彼以降、もう30年近く出ていないと説明したら、その価値をわかってもらえるだろうか。同年齢の高野が、僕にはとてもまぶしく見えた。

その一軍の開幕の日、内藤さんに呼ばれた。そして、たったひと言、

「クリ、人と比べるな」

内藤さんの言葉には、何度も救われ、何度も励まされた。

「プロ野球は競争社会だ。だが、そんなことはどうでもいい。おまえが人としてどれだけ大きくなれるかのほうがよっぽど大事だ。だから、周りがどうあろうと関係ない。明日おまえが、今日よりほんのちょっとでもうまくなっていてくれたら、オレはそれで満足だ」

「ほんのちょっとでもいいから一軍に行ってみようや。いいところだぞ」

とても温厚な人だったが、一度だけものすごい剣幕で怒鳴られたことがあった。

こう質問されたときのことだ。

「例えばプロに0しか力のない選手が入ったとしよう。もうひとり、最初から80を持っている選手が入ってきた。80が85になってレギュラーになる。ゼロが60になって、一軍と二

軍を行ったり来たりするようになる。どっちがえらい？」

プロは勝負の世界である。なので、そこは迷わず、

「レギュラーがえらいです」

と答えた。

そしたら、

「ふざけんな、出ていけ！」って。

「おまえは、そいつが60も頑張ったことを評価できないのか。そんな人の評判とか、周りのことばかり気にしているようなやつは、この世界、どうせ通用しないから出ていけ！」

それまで見たこともないような、ものすごい剣幕だった。

プロの厳しさは、内藤さんのほうがはるかによくわかっている。現実は、レギュラーが評価される世界だということを十分に理解した上で、僕のために、0から頑張ろうとしている僕のために、あんなにも声を荒らげてくれた。

次の日から、野球をやるのがものすごく楽になった。10個エラーしてもいい、明日9個になればいい、そう思えるようになった。

あの人に会っていなかったら、僕はきっとあのまま1年でクビになっていたんだと思う。

内藤さんにはどんなに感謝しても、それで十分ということはない。

第6章
大谷翔平という夢

北海道日本ハムファイターズという球団は、いわゆる首脳陣にあたるフロントが、中・長期を見据えた明確なビジョンを持っている。僕が監督に就任するずっと前からそうで、取材者時代から、その姿勢には共感するところが非常に多かった。

監督になってからは、僕もその詳細を知ることになるわけだが、そこに構築されたシステムやマニュアルはまさに企業秘密ともいえる内容で、驚かされるものばかりだった。

特に独自のデータに基づいた若手育成の指針は、信念と説得力に満ち溢れていた。

ここなら、間違いない。

いまや、僕にもその確信があるからこそ、一点の曇りもなく、若者たちを迎えられる。

選手の人生を大きく左右するドラフト、だからこそ……

ドラフト当日の朝、東京都・原宿の東郷神社にお参りに出掛けた。

シーズン開幕の朝も、日本シリーズ開幕の朝も、お参りには行かなかった。自分が監督として勝負に挑むということは、その結果についても自ら責任を取ることができるということだ。それを神頼みすることはしない。

だが、ドラフトの指名によって選手の人生を左右するということに関しては、あまりにも責任が重たすぎる。だから効果があるのかないのかは別として、神頼みであってもできることはやっておこうと思った。縁あって指名させてもらうことになる選手たちの今後の人生が、必ずや良き方向へと導かれるように。そして、意中の選手と結ばれるように。

東郷神社の勝守を購入したのは、是が非でも大谷翔平《おおたにしょうへい》の交渉権がほしい、その思いからだった。4日前、すでに彼はメジャーリーグ挑戦の意思を表明していたものの、交渉権さえ取ることができれば、入団の可能性はゼロじゃないと思っていた。

それはファイターズのためであると同時に、日本プロ野球界のためであり、そしてなによりも大谷という輝かしい未来ある若者にとって最良の導きになるという確信があった。

交渉権確定のあと、インタビューで涙ぐんでしまったわけ

ドラフト当日は、花巻東高校のスクールカラーである紫のネクタイを締めていった。まもなく入場という段になって、12球団の出席者は、全員、いったん控え室に入る。そこでみんながあいさつを交わしながら、あちらこちらでお互いの1巡目指名選手を探り合っている雰囲気が伝わってくる。

周囲の様子をうかがう限りでは、もしかすると単独でいけるかもしれない。緊張感が高まる。

指名順がラストのファイターズは、会場への入場も最後だった。着席し、パソコンを開き、いざ始まるとなったところで、大渕隆《おおぶちたかし》SD（スカウトディレクター）が最後の確認をする。

「1位大谷でいきます。いいですね」

「お願いします」

大渕SDは、早速、大谷翔平の名前をパソコンに入力すると、なにやらカバンの中から取り出した。ビニールのプチプチに包まれた小さなビンだった。

「大渕、何それ?」

「これ、花巻東のマウンドの土です」

そう言って、テーブルの真ん中にポンと置いた。

そんな願掛けみたいなことをやりそうなタイプには見えなかったので、少し意外だったが、彼がどれほどの情熱を持って大谷獲得に心血を注いできたか、それは十分に伝わってきた。

彼らスカウト陣は、年に一度のドラフト会議で最高の選手を獲得するために、365日を費やしている。このチームには絶対に大谷が必要なんだというみんなの思いが、テーブルの中央に置かれた小さなビンに詰め込まれているのだ。そう思ったら、自然と熱いものが込みあげてきた。

だから、単独指名で交渉権が確定したとき、もっと素直に安堵と喜びがあふれてくるかと思っていたが、スカウト人生をかけた男たちのためにも、なにがなんでも大谷を獲得しなければならないという使命感が優っていた。

そこであの記者会見になってしまった。あまりにも暗い、悲壮感が漂う会見だと言われたが、みんなの命懸けの思いを感じていたから、まだ入団が決まったわけでもないのに、あそこで明るく振る舞うことはできなかった。もし、これで獲れなかったら、「監督、辞めなくちゃならないかもしれない」それくらいに思っていたから。

chapter 6

ファイターズという球団の礎を作りあげてきた原動力

入団交渉は、一にも二にも、とにかく誠心誠意を尽くすしかなかった。言葉が悪く聞こえるかもしれないが、僕の中では「どんな手を使ってでも」という思いもあった。ただ現実には、誠意を尽くすということ以外、これといって有効な「手」は思い浮かばなかったのだが。

では、なぜそこまで思えたのか。それはファイターズ入団という選択が、彼の野球人生にとって100%プラスになるという確信があったからだ。そこに一点でも曇りがあったら、いきなりアメリカで野球をやるという選択肢に賛同できる部分があったら、そこまでは思えなかったかもしれない。

ドラフト翌日、まずは学校への指名あいさつを経て、翌週、山田正雄《やまだまさお》GM（ゼネラルマネージャー）と大渕SDが彼の自宅を訪問。両親と大谷本人へのあいさつと、育成方針の説明などを行った。

「大谷君へ。夢は正夢。誰も歩いたことのない大谷の道を一緒につくろう」

これはその際、僕が山田GMに託したメッセージである。それを書き記したサインボールは同席者しか見ないと思っていたら、山田GMが記者に説明していて少し戸惑った。

次の入団交渉の席では、「大谷翔平君　夢への道しるべ〜日本スポーツにおける若年期海外進出の考察」と題した30ページに及ぶ資料を用意し、両親に、高校から直接メジャーを目指すことの厳しい現状、そのリスクなどを説明した。

これはその日のために、大渕SDが準備したものだった。後日、彼に時間を作ってほしいと言われ、丁寧に資料の全容を説明してもらった。おそらく交渉の席でもそんなテンションだったのだろう、そのあまりにも熱のこもったプレゼンテーションに、まるで僕が説得されているかのような気分だった。

大渕SDの説明からは、思わず「おまえは、父親か！」と突っ込みたくなるほど愛情が感じられた。僕自身も、こと愛情や思い入れに関しては誰にも負けないという自負があったが、この男も相当なものだ、と。それは、まさしくファイターズという球団の礎を作りあげてきた原動力、そして魅力、そのものだと思った。

chapter 6

情熱で人を変えることはできない

「情熱で人を変えられるか？」と問われたら、僕は「変えられない」と答える。

人というものは信念を持っていればいるほど、他人の情熱でなんて変わるわけがない、そう思うのだ。

ただその一方で、人を動かすのは真心でしかない、というのも感じている。

2012年12月9日、大谷翔平が北海道日本ハムファイターズへの入団を表明した。

それまでに2度、僕も交渉の席に着かせてもらったが、僕の情熱が彼を変えたわけでもなんでもない。というよりも、彼はなにも変わっていないのだ。

大谷は「メジャーでやりたい」と言った。そのためにはアメリカに行くべきだと、本人は考えていた。ただ、いま、アメリカに行くことは、メジャーでやることとイコールではない。おそらくはそのプロセスとして、マイナーリーグという過酷な環境で、厳しい争いを強いられることになるのだ。

では、メジャーでやるために、それもベストな環境でやるために、最も確率の高い選択はなんなのか。それは日本で、ファイターズで野球をやることである。それが終始一貫していた球団の主張である。それは絶対に間違っていないと、確信していた。

そして、彼はメジャーでやりたいという信念を貫き、そこへ辿り着くための最良の選択をした。我々のプレゼンテーションによって、それまで雑然としていた夢へのロードマップが整理されたのだ。

それとは別次元で、自らの言動によって生じた責任を、ひとりの大人として重く捉え、決断には躊躇《ちゅうちょ》せざるをえない面もあっただろう。だが、口幅《くちはばか》られる言い方にはなるが、そこには我々の真心が届いたと信じている。

そう、大谷翔平はなにも変わっていないのだ。

どんな言葉で口説いたのか、と何度も聞かれた。

しかし、交渉の席では、「一緒にやろう」とも、「ファイターズに来てくれ」とも、僕は一度も言っていない。それらは、あの状況で伝えるべき言葉ではないと考えたからだ。言葉はとても大事なものだからこそ、あえて言葉にしないほうがいいこともある。

「水をザルですくう」アメリカ・マイナーリーグの厳しい現実

直接、アメリカに行ってメジャーを目指すことのリスクは少なくない。

アメリカは契約社会である。どんなに高い評価を口にしてもらったところで、契約に反映されていないそれは、ある意味、実行されない約束、つまり空手形と一緒だ。

どうあれ、マイナーからのスタートは必至となる。

人種のるつぼであるマイナーには、少なからず差別的な扱いが存在するという。

そして、その過酷な環境で生き残っていくことや、そこからさらにステップアップしていくことの難しさは、「水をザルですくう」とたとえられることがある。そのほとんどはザルの目からこぼれ落ちてしまうのが現実だ。

それでもなんとか生き残ろうと、選手たちはみな、無理をする。無理をするから、ケガをする。ケガをしたら、残念ながらそこで脱落だ。基本、マイナーにケガの回復を待つという発想はない。誰かがケガをしたら、どこからか別の誰かを呼んでその穴を埋めるだけだ。

あまりにも確率が悪すぎる。

そこで培われる、いわゆるハングリー精神こそが大事だとする向きもある。だが、アメリカのマイナーリーグが若い選手の育成に最も適したシステムかといわれると、それには賛同しかねる。彼らが築き上げてきた文化に敬意は表しつつも、その点においては日本の野球界を大いに推したい。

偉そうに思われるかもしれないが、我々は、アメリカのマイナーでプレーする選手が、まずは日本で学んで、それからメジャーを目指して勝負するという時代が来ることを目指している。メジャーで活躍するためには、まず日本に行くべきなんだという形を作りたい。けっしてそれはありえない話ではないと思っている。

chapter 6

日本の野球が、世界に誇れるもの

日本の野球が、世界に誇れるものはふたつある。

ひとつは、高校野球という文化によって育まれてきた精神性。「魂」と言い換えてもいい。

日本の場合、プロ野球選手は、ほぼ全員が高校野球を経験してきている。全国どこにいても、誰もがみな、甲子園という唯一無二の舞台を目指し、1日でも長く同じ仲間たちと野球をやるために、全身全霊を傾けてきた。

そして、そのまま大人になる。そのまま大人になった選手がプロ野球をやっているから、そこには死に物狂いになってやる、高校野球の精神がしっかりと息づいている。そういうプレーというものは、観ている人たちの心に、必ずなにかを訴えてくれるはずだ。

もうひとつは、日本のオリジナルといってもいい世界最高峰の技術である。強く振れなくても、柔らかくバットをコントロールして、芯と芯とをぶつける能力だったり、捕った瞬間に素早く投げる動きであったり、そういった技術は間違いなくメジャーより上だと思う。

ただ、パワーに代表される身体能力は、相対的に見てメジャーが上回っているので、向こうにはすごい選手がいるんだというふうに見えているだけだ。

すべてが一番だとはいわないが、日本には世界に誇れる技術がある。そこには自信を持っていい。

だから、これはあくまでも僕の野球観だが、本当に野球がうまくなりたいなら、絶対に日本で学ぶべきだと思う。最後にどこでプレーするかは自分で選べばいい。ただそこまでは、日本のお家芸である野球の技術を身に付けてほしい。

「エースで4番」、夢のようなことができるのがプロ野球

１９６８年、近鉄バファローズに永淵《ながぶち》洋三《ようぞう》という26歳のオールドルーキーがいた。4月16日の東映フライヤーズ戦、２回裏に代打で登場した永淵が、鮮烈なプロ入り初ホームランを放つと、続く3回表、三原脩監督は選手の交代を告げた。

「ピッチャー、永淵」

この試合、永淵は2回3分の2を投げ、2安打1失点。見事な二刀流デビューを飾った。

そもそも永淵さんは、ピッチャー登録の選手だった。だが、キャンプの紅白戦で見たバッティングが忘れられず、三原監督はバッターとしても使うことを決めていた。人気、実力ともに劣るチームに目を向けさせようとする、三原監督の話題作りの側面も強かったようだ。

結局1年目、ピッチャーとしては12試合で0勝1敗という成績に終わったものの、バッターとしては74本のヒットを放ち、ホームランが5本、打点30という数字を残した。

そして、バッターに専念した2年目には、打率3割3分3厘を記録し、あの安打製造機と呼ばれた張本勲《はりもといさお》さんと首位打者のタイトルを分け合っている。

という選手が、昔はいたわけだ。

そしていま、大谷翔平にやらせてみようと、僕は本気で思っている。

はじめ、二刀流育成プランを提案したとき、大谷はこうコメントしていた。

「自分の中で（ピッチャーとバッターの）どちらでやりたいのか……、やりたいほうはピッチャーなんですけれども、どちらで、というのが自分の中ではっきりしていない。どちらでもやってみたい。すごく嬉しかった」

プロ野球で「エースで4番」というのは、まさに夢のような話だ。それでいい。プロ野球はそうじゃなきゃいけない。現実の世界で、夢のようなことができるのがプロ野球なのだ。

とはいえ、キャンプイン前から、大谷の二刀流挑戦については、いろんなところから否定的な声も聞こえてきていた。そんな要らぬ声で本人を惑わせたくはない。そのためには全コーチ、スタッフにも迷いを捨ててもらう必要があった。

だから、あえて宣言した。

「大谷翔平の二刀流、オレはやります」

本気でやるから、聞こえてくる否定的な声から彼を守ってやってくれ、そう頼んだ。

「なぜ、二刀流なのか」という質問には、「どっちがいいのかわからないから。だったら両方やって、自然にどっちかに行ったほうがいい」、そういう答え方もある。

大谷ほどの才能を持った選手を、はじめからプロ野球の枠にはめ込んで、固定観念で決め付けるようなことをしてはいけない。我々ごときの判断で、彼の人生は決められない。自分で結果を残しながら、自分が行きたい方向に進んでいけばいいのだ。

良い土壌さえ作っておけば、良い種は植えるだけでいい。みんなで丁寧に作った土壌に、一番の種を蒔いたら、それにはもう手を加える必要はない。勝手に伸びる。

その種が、選手なのだ。だから、大谷をいじる必要はない。

第7章
戦うためになにを準備すべきか

もし去年、ウチがダントツの力を持った、ライバルを力でねじ伏せられるようなチームだったとしたら、もっと楽に優勝することができただろうか。

いや、逆に勝てなかったかもしれない。

心身ともにすり減らす、厳しい競り合いの中に置かれていたからこそ、日々、気付かされることがたくさんあり、最終的にはそれがチームを優勝に導いてくれた。

おかげで、本当に大切なものを見失わずに済んだような気もする。

力でねじ伏せたり、反対にねじ伏せられたり、そんな結末を迎えていたら、なにはなくとも強大な戦力を整えなくては、と、僕の思考はあらぬ方向へ向いていたかもしれない。

ファイターズで野球をやったみんなが、将来、一番大切なものを自分の言葉で伝えられるように、野球の神様が、そのためのシナリオを書いてくれたのだと思う。

そして、今年もまた、熱く激しい日々が始まる。

chapter 7

野球の神様が思い出させてくれた、齊藤諒くんのこと

キャンプイン前日の２０１３年1月31日、一軍の宿舎となるホテルの大広間に、二軍の選手やスタッフも含めたチーム全員が集まり、全体ミーティングを行った。

そのとき、僕は一通の手紙を読んだ。それを聞いてもらうことが、純粋に野球をやろうというメッセージになると思って、読んだ。そして、そのメッセージはきっとみんなに伝わったと信じたい。

その手紙が僕のもとに届いたのは、まさにキャンプイン直前のことだった。

1月のある日、かけがえのない経験をさせてもらった去年1年間のことを思い返し、冷静になって頭と心を整理していた。この感謝の気持ちを伝えるべき人たちに、僕は礼を尽くしただろうか。次のシーズンが始まるまでに、しておかなければならないことを、やり残してはいないだろうか、と。

そのとき、ふと、ある顔が浮かんだ。

2009年、僕『熱闘甲子園』(テレビ朝日/朝日放送)というテレビ番組に携わらせてもらうことになった最初の年、スタッフとの最初の打ち合せで番組宛てに届いた手紙を見せられた。それはある球児の父親から送られてきたものだった。

『実は昨年秋、息子も正捕手として活躍させていただき、秋季大会終了後は練習試合でも本塁打などを重ね、調子が上向きになり、春も夏も楽しみだと期待をしていました。ところが不運にも10月28日に通学途中、自動車にはねられ、首の骨を折る重傷をおいました。

一時は命も危ない状況でしたが、今はようやく落ちついて来ました。しかし、首から下が動きません。首を骨折した原因で病名は第4、第5頚椎脱臼骨折、そのため両手両足(四肢麻痺)、医者は治る見込みはないとの診断、現在、人工呼吸器も一生外せない状態です。

本人も家族もがく然とし、日々悲しみにくれていました。浜松の医療センターから兵庫県尼崎市にある病院にヘリコプターにて転院、そこの病院は全国屈指のリハビリテーション施設があり、そちらで首の安定を良くするためのリハビリをするために移りました。本人も病状の重さも大分理解してくれて、少し明るくなったような様な気がします。幸い甲子園球場が近いという事もあり、早く野球がしたいと毎日言っております。

チームメイトの支え、クラスメイトの支えもあり、そして野球という支えがあって、今日までがんばって来れたと思います。

夏の県大会にはスタンドで応援したいという事で、6月末の退院に向け、とにかくできる事をやろうと努力しております。チームメイトは試合前必ず円陣を組み、手をつなぎ、その間には背番号2のついたユニフォームを持ち、天を見上げていっしょに戦うぞと毎試合やってくれています。私はそれを見た時、涙が止まりませんでした。子供達の友情はこんなにも厚いのかとあらためて感動しました。

治る見込みのない現在ですが、奇跡を信じて親子共々がんばって行くつもりでございます。全国には息子よりも苦しんでいる方々が多々いらっしゃると思いますが、いつか自分の足で歩く事ができることを夢見て、がんばりたいと思います。』

彼、齊藤諒《さいとうりょう》くんの高校は、静岡県立浜松商業という。僕が高校2年生のとき、春のセンバツで全国制覇を成し遂げた名門だ。

まずはスタッフが彼のいる病院を訪ねた。その後、6月24日に退院、自宅に戻ったという報告を受け、我々は夏の県大会1回戦を取材することにした。

7月20日、場所は浜松市営球場。諒くんが応援できるよう、学校が特別に用意してもらったバックネット裏の部屋で、一緒に観戦させてもらった。諒くんは人工呼吸器を着けているため不自由ではあるが、話をすることはできる。そこで聞かせてくれた「振り返っていてもしょうがないから」という前向きな言葉には、胸を締め付けられるようだった。

試合は1回に2点、2回に4点、3回に2点と、序盤から毎回失点を重ねる苦しい展開となった。4回、ホームランで1点を返したが、結局、9対1、まさかの7回コールド負け。浜松商の短い夏は終わった。

思えばあれが、取材者として高校野球の試合に足を運んだ、最初だった。

そして今年1月、ふと浮かんだのは諒くんの顔だった。3年半前、これから高校野球の取材を始めようという僕に、野球をやるということの意味や、当たり前のようにそれができることの幸せを教えてくれた諒くんに、改めてお礼の言葉を伝えなければいけない、そう思った。

そこでファイターズの優勝記念グッズと一緒に、彼に手紙を送った。だが、まさかすぐに返事をもらえるとは思っていなかった。キャンプ地の沖縄県に出発する直前、届いた封書には、「諒が自分で書いたものです」というお父さんの言葉が添えられていた。

『僕は今、通信制のサイバー大学に在学しています。

大学で学んでいるITビジネスは、野球とは全く違う分野ですが、しっかり学び習得して、必ず立ち上がり社会復帰する日に備えて頑張っています。

交通事故の怪我によって、この世の医療に見捨てられた僕は、イエス様に出会い救われ、以来、家族みんなで聖書を学んできました。

聖書に、
マルコ10：27
人にはできないが、神にはできる。神はなんでもできるからである。
ヨハネ11：40
もし信じるなら神の栄光を見るであろうと、あなたに言ったではないか。
とあります。
この御言（神様イエスキリストの言葉）を信じて僕と家族みんなはクリスチャンになりました。

交通事故にあったのも相手の運転手が悪いのではなく、サタンという悪霊が引きおこしたもの（聖書に書かれている真理です）だと教えて頂きました。

だから加害者を許さないといけないと言われ、当時入院していた病室で、「許しの祈り」をして加害者を許すことができました。

そして、その事実が加害者親子をも救い、今では毎週日曜日に同じ部屋に集い、同じ机で聖書を学ぶことができる仲（兄弟）になりました。

必ず、再び自分の足で立ち、もう一度野球をやり、栗の樹ファームに会いに行けることを楽しみにしています。』

出会った当時から、すでに彼は首から上を動かして、パソコンのキーボードを叩くことができた。この手紙もそうやって書いてくれたのだろう。

監督になってから、彼と連絡を取ったのはこれがはじめてだった。あのタイミングで諒くんの顔が浮かんだのは、僕が次のシーズンに向かうにあたって、野球の神様が「もう一度、諒くんと話をしなさい」と言ってくれたとしか思えない。

何度も、何度も手紙を読み返した。

感心した、という表現ではあまりにも軽すぎる。いま、諒くんが歩んでいる日常と、それを伝えようとする確信に満ちた言葉に、僕は激しく衝き動かされた。彼という存在を通じて、栗山、おまえは本当にまっすぐな生き方をしているのかと、誰かに問われているような気さえしてくる。頑張ってね、と伝えるつもりが、逆にものすごいパワーをもらって、原点に立ち返らせてもらっていた。

キャンプイン前日の全体ミーティングで監督がこの手紙を読んで、選手たちにどう伝わったか、どう響いたかはわからない。

選手たちには、こうお願いした。

「信仰云々の話とはとらえないでほしい。そうではなく、こういうふうに頑張って生きている人がいるんだということを、純粋に受け取ってほしい」

いつかもう一度野球をやりたい、そう心の底から願っている彼のような人のためにも、我々は絶対に言い訳しちゃいけないんだというメッセージは、きっとみんなに伝わったのではないかと思っている。

「捨てられるもの」が増えた2年目のキャンプ

1年目の去年と2年目の今年、キャンプの感じ方がどこか違ったかといわれれば、なによりも自分自身のゆとりがまるで違っていた。具体的な例をあげれば、わかりやすく体調が良かった。

キャンプ中は、『報道ステーション』（テレビ朝日）を見終わってから寝るのが日課のようになっていたが、いつも番組の後半にあるスポーツコーナーまでもたず、気付いたら眠っていたことも何度かあった。去年は毎日ぐったりするほど疲れていたのに、神経がピリピリしていたせいか、なかなか寝付けないことや、夜中に目が覚めてしまうこともよくあったが、今年は自分でもびっくりするほどよく眠れた。2年目になって、少しは成長したということか。

なによりも1年目の経験で、「勝負はまだ先にある」ということを実感できたのが大きい。キャンプの段階で「勝負はまだ先にある」なんて、野球少年にもわかりそうなことだが、去年の僕にはそれがわからなかった。いや、頭ではわかっていたのだが、不安とか焦りとか、そういったものがごちゃ混ぜになって、結果、それがわからなくなっていた。だから、キャンプイン初日からそれこそ必死で、「毎日、こんな調子でやっていたら開幕前に倒れちゃうかも」と本気で思っていた。

その「倒れちゃうかも」が、今年はなかった。捨てられるものが増えた、という感覚はわかってもらえるだろうか。キャンプ前半は、去年ならいちいち気になっていた細かなことが、ほとんど気にならなかった。雑になったのとは違い、いまはまだそこを指摘すべき時期ではないということが、わかり始めてきたのだ。

去年はあれもやらねば、これもやらねばと、毎日課題をたくさん抱えてグラウンドに出ていたが、今年はその大部分を宿舎の部屋に置いて出られるようになった。捨てられるものが増えた、というのはそういう感覚だ。

そういった意味では、今年は他球団のキャンプが気にならなくなった、というのも捨てられたもののひとつかもしれない。

取材者時代は毎年、12球団すべてのキャンプを見て歩くのが習慣になっていて、それを比較して、分析する作業は体に染みついたルーティーンのようになっていた。

だから去年、突然チームの一員となって、各地に足を運ばなくなると、逆に他の球団のことが気になって仕方がない。自分のことで精いっぱいなはずなのに、去年は頭のどこかでいつもライバルのことが気になっていた。夜、なかなか眠れなかったのは、そんなことまで気になっていたからかもしれない。

それが今年は違った。周りがどうだという前に、まずは自分のチームをどうするかだ。田中賢介が抜けて、糸井嘉男もいなくなった。その中でどう戦力を見極め、ベストな状態に持っていくか、それがすべてだった。そうなると、不思議と他球団のことなど気にならなくなるものだ。

選手と会話する機会は、去年も今年もあまり変わらなかった気がする。ただ、話す内容は違っていた。去年はこっちが新入りだったので、まずは選手との人間関係を作る必要があった。そこで会話の内容云々よりも、とにかく積極的に声を掛けて、コミュニケーションを取ることに重点を置いていた。それが今年は、ものの考え方を伝えたり、相手の考えていることを尋ねたり、もう一歩踏み込んだ会話になっていたように思う。そこも、わずかな進歩のひとつといえるかもしれない。

コーチに求められるのは技術指導だけではない

そんなキャンプ中、なにかと気に掛かっていたのは、新コーチ陣のことだった。

優勝した年のオフに、コーチ陣の顔ぶれがガラッと変わるのは、異例のことかもしれない。だが、リスペクトする存在だからこそ尊重しなければならない決断もある。また、結果を残したときにこそ、一歩先を見据えた中・長期的な戦略が必要になる、という球団の考え方にも大いに賛同できた。

今年、一軍の新コーチとして迎えたのは、高校野球の監督からの転身となった阿《あ》井《い》英《えい》二《じ》郎《ろう》ヘッドコーチ、現役時代から「ジョニー」のニックネームで知られる黒《くろ》木《き》知宏《ともひろ》投手コーチ、そして、「V9巨人」以降では最強といわれるあのライオンズの黄金時代を知る大塚《おおつか》光二《こうじ》外野守備走塁コーチの3人だ。いずれもプロ野球の指導者を務めるのは今年がはじめてということで、どうしても、去年の自分と重なって見えてしまう部分がある。

選手を伸ばすためにコーチに求められるもの、それは技術指導だけではない。

そもそも、なによりも大事なのは選手自身が気付くことである。気付いて、危機感を持って、やる気になって、勉強をして、つかんでいくしかない。コーチの最も大切な役割は、その手伝いをすることだと思っている。

だとすると、技術論はもちろん重要だが、本当に愛情を持ち、まるで自分の子どものように選手のことを思って接することができる、そんな人間性の持ち主でなければコーチは務まらない。人を動かすということは、そういうことでしかないのだ。そして、そういった人材が集まらなければチームは成長しない。1年間やってきて、つくづくそう思った。

去年のファイターズには、そういうコーチたちがたくさんいた。今年、マリーンズに移った清水コーチなどはその典型だ。また監督が泣いたと、僕のことばかりよく取り上げられたが、よく泣いていたのは清水コーチのほうだ。言っておくが、僕は涙が出ているだけで泣いてはいない（苦笑）。

清水コーチだけではない。ウチのベンチには、いつもそういう空気があった。

そして、その伝統を守るべく、新コーチも人柄を重視した人選になった。極論すれば、技術論や指導術はあとからいくらでも勉強できるが、そういった人柄を作りあげるのは難しい。心の部分とか、魂の部分とか、そういった部分はあとから着火しようと思っても、なかなか火は着いてくれない。だから、そういう人間を集めるしかないのだ。

chapter 7

黒木、大塚両コーチに共通する「熱」

人間誰しも、はじめてのときは必死になる。がむしゃらになる。それは指導者であるコーチも一緒だ。そして、そういうのはやっぱり大事なんだと思う。

黒木コーチは、なんといっても現役時代の姿が印象深い。チームのためになら死ねる、そんな気持ちを前面に押し出し、たとえ自分がボロボロになってもマウンドに立ち続けたその姿に、どれほど多くの野球ファンが勇気づけられたことか。

ピッチャーとしてプロ野球の世界までのぼり詰めてきた選手は、子どもの頃からグラウンド上でのあらゆる争いに勝ち続けてきた、いわゆる勝ち組がほとんどだ。言葉は悪いが、数えきれないほどのライバルたちを蹴落とし、そこに辿り着いた。その分、プライドも高く、チームのためにというよりも、ただ純粋に、ほかの誰にも負けたくないという強い思いで勝負を挑むタイプが多い印象を受ける。逆にいえば、そこまでできる選手でなければ、あのマウンドという特別な場所を守り続けることはできないのだろう。

そんな中、自分を捨ててでもチームのために身を粉にすることができた黒木知宏というピッチャーは、実に希有な存在といえる。彼が「魂のエース」と呼ばれた所以だ。

それは誰かに教わって身に付けられるものではないのかもしれない。大人になって、しかもプロの世界に入ってからはなおさらだ。それでも、黒木コーチの人間性に触れ、その言葉に耳を傾けることで、選手たちには少しでも大切な何かを、熱い何かを感じ取ってほしい、そう願っている。

大塚コーチの印象は、底抜けに明るく、周囲にいつも笑顔がある典型的なムードメーカーだ。不真面目というのとは違う。どこまでも真面目に、何事にも真剣に取り組み、それを楽しんでしまう才能があるのだ。そして、本人が心の底から楽しんでいるからこそ、その明るさは周りにも伝わる。これは簡単なようで、なかなか真似のできない才能だ。

プロ野球は華やかに見える半面、非常に厳しい世界でもある。選手からすれば、その一投一打に生活がかかり、人生がかかっているのだ。しかし、だからといって、いつも悲壮感を漂わせ、険しい表情で取り組んでいれば必ず結果が伴うというものでもない。息が詰まってしまっては、かえって本来の力が発揮できないということもあるだろう。

では、そうならないようにするには、普段から何を、どう心掛けていけばいいのか。成功を導き出すためのポジティブなものの考え方や練習への取り組み方、試合への臨み方など、選手たちが大塚コーチから学ぶべきことは多い。

chapter 7

なぜ、高校野球の指導者を新ヘッドコーチに迎えたのか

40代後半とは思えない、子どものような笑顔が印象的な大塚コーチとは対照的に、阿井ヘッドは、めったに表情を崩すことがない。

阿井ヘッドとは1984～90年の7年間、ヤクルトスワローズでチームメイトだった。僕の現役生活は7年だから、つまりずっと一緒だったということになる。

特に仲が良かったということもなく、正直、当時のことを思い返してみても彼の笑顔はあまり思い浮かばない。ややナーバスな印象もあり、ひと言でいえば、愛想がない男ということになるのだろうか。

引退後、僕は取材者の道を歩み始め、やがて高校野球の現場にも足を運ぶようになる。そこで彼と再会した。

僕の2年後、92年に引退した彼は、その後、医療機器メーカーで会社員として働く傍ら、日本大学の通信教育部で学んで教員免許を取得。茨城県のつくば秀英高校の教員となり、その2年後にはプロ野球出身者のアマ指導資格の認定を受け、野球部の監督となった。埼玉県の川越東高校に移ってからは、チームを県大会ベスト4に導き、県高野連から春の選抜高校野球大会の21世紀枠候補校に推薦されたこともある。

再会した彼は、昔の印象とはガラッと変わって、立派な教育者になっていた。彼とて、ピッチャーとしてのプライドの高さは相当なものだったと思う。それをすべてかなぐり捨て、人としての誇りを持って、道なき道を歩んできた。現役時代以上に、あらゆる努力を惜しまなかったその頑張りには、素直に頭が下がる。

就任記者会見が行われた1月11日、たくさんの報道陣に囲まれた新ヘッドコーチは、「選手」のことを思わず「生徒」と言いかけ、訂正した場面があった。無理もない。彼は16年間、生徒を預かる立場の教育者だったのだ。

それにしても、長年取材者であった僕と、高校野球の指導者であった彼が、よもやプロ野球の世界で同じユニフォームを着ることになろうとは、想像もできなかった。球団からはじめて新ヘッドの候補者の名前を聞いたときには、自分の耳を疑った。まったく頭になかった名前だったからだ。しかし、チーム編成を司るフロント陣の説明を聞かされて、改めて自分なりに思考を整理してみた。

ヘッドコーチというポジションは、プロ野球の世界では当たり前のように置かれているが、ファンの皆さんはその役割をどのように理解されているのだろうか。

もし僕が理想とするヘッドコーチ像を尋ねられたら、きっとこう答える。

「すべてをまとめてくれる人。技術も、作戦も、コーチのまとめ方も、選手の叱り方も褒め方も、全部ができる人」

そんなヘッドコーチがいれば、監督は細かなことを気にせずに、自分がイメージする野球を貫くことができる。こうやりたいと伝えたら、ヘッドがアレンジしてくれるのだ。全体像を描くのが監督で、その組織を機能させるのがヘッド、そう説明すればもう少しわかってもらえるだろうか。

そして去年、ともに戦った福良ヘッドは、極めて優秀で、限りなくその理想に近い存在だった。それほどの人物がチームを去り、次にまた同程度の経験と能力を備えた後任を探そうと思っても、そう簡単に見つかるはずがない。

だったら異なるアプローチで、まったく別の可能性を秘めた人材に託すというのも、ひとつの考え方である。そういった意味では、これまでのプロ野球界の常識を覆す阿井英二郎という教育者へのオファーというのは、実に魅力的なものに思えた。

高校野球などは、野球を教えるだけでなく、親との関係を含めた組織作りも求められる。アマチュアには良い指導者が多い。それは取材者としてさまざまな現場を見てきた僕の持論でもあった。

「プロ野球選手と高校球児の力はもちろん違うが、内面的な成長がないと持っている技術を引き出せないという点では、プロもアマも関係ない。打って、投げて、走ってだけでは、野球はうまくならない。知識や教養の引き出しは多いほうがいい。選手には、野球をやっている間に（現役の間に）そのことに気付いてほしい」

記者会見の席で阿井ヘッドが語ったこの言葉には、まったく同感だった。

アマチュアの現場でやってこなかったことがあるなら、これから覚えていけばいい。周りの経験者がフォローしていけば、どうにでもなるだろう。それよりも、反対にもしプロの現場がおざなりにしている大切なことがあるなら、先入観抜きでそれを指摘し、堂々と持ち込んでもらいたい。プロ野球界の将来のためにも、そのメリットは計り知れないと思っている。

ちなみに阿井ヘッドの就任が発表される約2週間前、アメリカではコロラド・ロッキーズの新監督が発表され、ちょっとした話題を呼んだ。ウォルト・ワイス新監督は88年、ア・リーグの新人王に輝いた経歴を持ち、ロッキーズを含むメジャーリーグの4球団で、14年間に渡ってプレーをした。だが、今回スポットを当てられたのは、むしろ彼の引退後のキャリアだった。一時期、球団のフロントで働いたことはあるが、プロの監督やコーチとしての経験はなく、最近はデンバー近郊のハイスクール、つまり高校で野球の指導をしていたという。つまりこのオフ、奇しくも日米両国で、高校野球の指導者がプロの現場に立つことになったのだ。同じタイミングというのは単なる偶然なのだろうが、とはいえ、そんな時代なのかと、少しだけ必然のようなものも感じさせられた。

ということで、3人の新コーチには大いに期待を寄せている。

1年前の自分を思い起こせば、彼らが必要以上に気負っているであろうことは容易に想像ができる。

去年の僕は、いつも誰かに試されているような気がして、四六時中、肩肘を張っていた。もっと楽に、とアドバイスをされても、力の抜き方がわからなかった。新コーチたちも、まだしばらくはその状態が続くだろう。それでいいと思っている。きっとチームには、全身が強張るほど力みまくった、必死な形相の人間も必要なのだ。

技術論や指導術は
あとからいくらでも勉強できるが、
自分の子どものように愛情を持って指導できる
人柄を作りあげるのは難しい。

攻撃のサインミーティングにピッチャーも参加させた理由

キャンプ2日目、野手を集めて攻撃のサインミーティングが行われた。これは例年、早い段階で行われるものなのだが、今年はひとつだけ、いつもと大きく違うことがあった。ピッチャーにも出席してもらったのだ。攻撃のサインミーティングにピッチャーが出席したのは、少なくともファイターズが北海道に移転して以来、はじめてのことだという。

ピッチャーにしてみれば、ある意味、まったく覚える必要のないサインである。その時間を利用して、ほかにやりたいことがあったかもしれない。でも、あの空気を共有してもらうことで、みんなで戦うという意識を高めてもらいたかった。

今年、大谷翔平の二刀流挑戦で話題になったが、ピッチャーと野手は、なすべき準備がまったく異なるし、意識の上でもおそらくファンの皆さんが想像している以上に大きなギャップがある。

だから、ピッチャーにそのギャップを感じてもらい、野手がすべき準備の一端を知ってもらうだけでも、意味のあることだと感じていた。

あるピッチャーに感想を尋ねてみた。

「バッターってあんなに考えて、一所懸命、点を取ろうとしてくれているんですね」

また、別のピッチャーはこう言っていたそうだ。

「これで点が取れなきゃ、しゃあないな」

そのひと言が聞けただけでも、出席してもらって良かったと思える。今年はもう一歩前に進める、そういう手応えがあった。

では、このような試みがなぜ実現したのか。そこにはひとりのキーマンの存在があった。阿井ヘッドである。

「全員に聞かせておいたほうがいいんじゃないですか」

そう進言してくれたのは、阿井ヘッドだった。

攻撃のサインミーティングにピッチャーは参加しない、それはプロ野球界の慣例であり、長年現場にいる者にとっては常識ともいえるものだ。

しかし、14年間、高校野球の指導をしてきた阿井ヘッドは、そういった先入観を抜きにして、早速、よりよき変化のひとつとしてそこを指摘し、提案してくれた。それは実に高校野球的な発想だったといえるかもしれない。もちろん、良い意味で。

選手各々に構築してほしい、自分に最も適した「内角球論」

今年のキャンプでは、選手全員を集めて、「野球を考える」というテーマでミーティングを行った。WBC組がチームを離れる前に、ということでスケジュールを調整したところ、結局、2回しか行えなかった。

僕は「内角球論」をテーマに取り上げた。

内角とはバッターに近い、いわゆるインコースのことを指し、ピッチャーがそのあたりに投げるボールを内角球という。そして野球界には、昔から言い伝えのように「内角は禁物」という考え方があって、一方では「内角を攻めろ」という指導も存在する。それらは矛盾しているようにも感じられ、選手が混乱しかねない。

では、ピッチャーはどういう目的で内角球を投げるのか、どういうときに投げてはいけないのか。反対にバッターは、内角球をどう考えればいいのか。それが「内角球論」だ。

これは選手の誰もがベースに持っているもので、プロ野球の世界では一般論といってもいいものだ。それをあえて確認するために、ミーティングでは資料も配った。

なぜ、一般論を確認する必要があると考えたのか。それは選手各々に、自分に最も適した仕様にカスタマイズしてほしかったからだ。

まず、基本となる理論がある。それをもとに試行錯誤を繰り返していくことで、自分なりのスタイルが見つかる。その感覚を言葉化することで、自分に最も適した「内角球論」が構築されるのだ。

では、プロ野球選手の頭の中には、いったいどんな理論が入っているのか。その一般論にあたる部分、ミーティングで選手たちに配った資料の概要をここに記しておく。

アマチュアで野球をやっている皆さんには、もしかしたらプレーや指導をする際の参考になるかもしれない。また、このあたりがわかってくると、いつものようにプロ野球中継を観ていても、何気ない場面がよりいっそう興味深く感じられるということもありそうだ。

注釈を加えて、できるだけわかりやすい表現にしたつもりだが、それでもかなり専門的な内容になってしまっているので、ピンとこない、退屈だという方は、どうかさらっと流していただきたい。

【内角球論】

［基本的にバッターは……］

・バットの根っこで打つ、詰まることへの羞恥心、やられた感を持つことが多い（統一球＝飛ばないボールの導入によって、バッターの意識の中で、この傾向がより大きくなっている可能性あり）。

・タイミングが大きく崩れ、空振りすることへの恐怖心、避けようとするプライドなどがある（バッターの心理的要素は、動きに大きな影響を与える可能性あり）。

・ホームランを打ったとき、バッターは打った球を「インコース甘め」と感じる傾向があるが、実際に打った球がそうではないケースも多い。そういった意味でもインコースの考え方は整理しておく必要がある。

バッターは、ピッチャーが内角＝インコースへ投げる恐怖心を大きくさせ、投げづらい、投げられない状況を作らなければならない。

ピッチャーは内角球の使い方がうまくならなければならない（一流のバッターは、打つ瞬間、身体が一瞬緩むかどうか、踏み込めるかどうかが勝負。その意味を考えれば、自分を活かすために自分の中での「内角球論」を作らなければならない)。

・勝負をするのか、ファウルでカウント(ストライク)を稼ぐのか、バッターの意識するゾーンを広げるために投げるのか、はっきりと目的を持って投げる。

・次の球との関連を考えて投げる。

【内角球の目的】

・バッターが外角意識、変化球意識があるとき。

・配球上、外角攻め、逃げの雰囲気を作ったとき(左ピッチャーが右バッターに意表をついて投げる内角ストレート、右ピッチャーが右バッターに投げる内角スライダーなど)。

・バッターの狙いを読み取ることを目的として、内角ややボール気味の球を使って、バッターの反応を見る。

・基本的に内角は、ストライクを投げるコースではない。何か投げる根拠を持つ場所(バッターが内角に弱点を持っている、球威で優っている、意表をつく、など)。

・内角球はけっして甘くなってはならない。だからこそ、絶対にデッドボールは避けなければならないケースなどでは難しい球で、投手に大きなプレッシャーがかかることもある。

・かなりリスクを背負っているということを念頭に（当てたらデッドボール、当ててはいけないという意識から甘くなりやすい、甘くなると長打の確率が高まる）。

（注）バッターとすれば「壁」は命（壁＝身体の開きを抑えるために、前側の肩の後ろに壁があるように意識すること）。だが、内角球を意識しすぎたり、それを打ちたいと思うだけで、身体が開いたり、フォームが崩れる可能性もある。

［内角を攻める条件］
・バッターの「壁」を崩して、外角でまとめたいとき。
・絶好調のバッターを崩す（歩かせてもいい）。
・内角球を見せるととても効果のあるバッター（内角球を必要以上に意識している、いわゆる「こわがり」と言われるバッター）。
・内角に弱点があったり、内角に投げておけばほとんどファウルにしかならないバッター。
・ヤマを張る（狙い球を絞る）バッターの読みを外したいとき。
・ボールにしていいときに使い、そのときのバッターの反応を見る。
・逆方向（右バッターならライト方向、左バッターならレフト方向）へ打たれたくないとき、逆方向へ打ってくると読んだとき。
・内角へ2球続けるときは、捕手の洞察を信じ、2球目は勝負するつもりで。
・3ボール2ストライク、3ボール1ストライクのときの内角要求は、フォアボールでもいい、1塁が空いている、次のバッターとの勝負のほうがいい、何でも手を出してくるがファウルになる、内角に弱点がある、などのケース。

［内角へ攻めるのを、気を付けなければならないケース］
・内角打ちが上手い、内角を好み、つねにストレート系しか待っていないバッター。けっしてこういったバッターには甘くならないこと。
・球威、コントロールに不安あるとき、あるピッチャー。得点差があれば別。
・ボールになるとカウントが苦しくなるケース、コントロールに不安があり、カウントが苦しくなると困るピッチャーの場合には、状態をしっかりと見極めて。
・球威、コントロールに自信のあるピッチャーはいかなる状況で使ってもいいが、その日の調子、バッターとの力関係を考えて使う。

どうだろう。やっぱり少し難しかっただろうか。もう少しわかりやすく表現できると良かったのだが、そこはどうかご容赦いただきたい。

ところで、なぜキャンプイン直後のタイミングで、この「内角球論」をミーティングのテーマに選んだのか。それはこのタイミングだからこそ、ということもできる。

去年の日本シリーズ、ウチはジャイアンツの投手陣に徹底した内角攻めをされて、バッティングを崩された選手が少なくなかった。それは、彼らの記憶にもはっきりと残っているはずだ。だからこそ、その記憶がまだ鮮明なうちに、各々に「内角球論」を考えておいてほしかったのだ。

たくさんの経験を積み、思考を重ねてきた選手たち、ファイターズでいえば、稲葉には「稲葉篤紀の内角球論」があり、二岡には「二岡智宏の内角球論」がある。

陽岱鋼や中田翔といったあたりは、ご存知のようにとても能力の高い選手だが、若さゆえ、そのバッティングにはまだ天性に頼った部分が多い。彼らに「陽岱鋼の内角球論」「中田翔の内角球論」が備われば、まさしく鬼に金棒だ。

その準備として、まずはみんなで思考を整理するためのミーティングだったというわけだ。

プロ野球選手のみならず、アスリートには身体で覚えなければならないことがたくさんある。しかし、同時に頭で理解していなくては、いざ不調に陥ったとき、その原因を特定し、修正することが難しくなる。

やはり頭で理解し、身体に覚え込ませる。その両者が必要なのだと思う。

なぜ、一般論を確認する必要がある
と考えたのか。
それは選手各々に、
自分に最も適した仕様に
カスタマイズしてほしかったからだ。

頭で理解し、
身体に覚え込ませる。
その両者が必要なのだと思う。

おわりに

プロ野球選手はなんのためにプレーするのか

オフになって、一通の手紙が届いた。差出人は、かつて阪神タイガースの外野手として活躍し、２００５年、59歳の若さで亡くなった池田純一《いけだじゅんいち》さんの奥さんだった。

Ｖ９を目指すジャイアンツと優勝争いを繰り広げていた１９７３年、８月５日の直接対決で事件は起こった。

２対１、タイガースの１点リードで迎えた９回表、２アウト１、３塁という場面で、続くバッターの打球はセンターへ。平凡なフライに、誰もがゲームセットだと思った。

しかし、次の瞬間、捕球しようとグラブを差し出したセンターが、そのまま仰向けに転倒。ふたりのランナーが相次いでホームインし、タイガースはまさかの逆転負けを喫した。

この時期、甲子園球場の外野の芝はひどく荒れていて、はげた芝に足をとられたのが転倒の原因だった。公式記録も「エラー」ではなく「３塁打」。だがこの年、タイガースは最終的に０・５ゲームという僅差で優勝を逃したため、そのプレーは「世紀の落球」として揶揄《やゆ》され、大きく取り上げられた。

そのセンターが、池田さんだった。

池田さんは、それで野球が嫌いになったそうだ。

32歳で引退してからは野球との接点を断ち、洋品店を経営していたが、40歳を過ぎて、ある出来事が池田さんに勇気を与える。

1986年、メジャーリーグのワールドシリーズは、ボストン・レッドソックスとニューヨーク・メッツの対戦となった。

3勝2敗でレッドソックスが王手をかけ、迎えた第6戦、延長10回表にレッドソックスが勝ち越すものの、その裏、負ければシリーズの敗戦が決まるメッツは、執念で同点に追いつき、なおも2アウト2塁という一打サヨナラのチャンスが続く。

この場面、バッターはよく粘ったが、10球目を打って、結果は緩い当たりのファーストゴロ、さらに延長戦は続くかと思われた。だが、一塁手のビル・バックナーがそれをまさかのトンネル、メッツが劇的な逆転サヨナラ勝ちを収めた。

本拠地で勢いに乗ったメッツは、翌日の第7戦も勝利し、17年ぶり2度目のワールドチャンピオンに輝いた。

これがアメリカのスポーツ史上、最も有名な悲劇のひとつとして語り継がれている「世紀のトンネル」である。

池田さんは自らの落球（正確には転倒）と、このトンネルを重ね合わせた。

そして、戦犯扱いされ、悲劇の主人公となったバックナーのコメントにハッとさせられた。

「このエラーを、これからの人生の糧にしたい」

このひと言を聞いて、あのプレーをプラスに考えていこうという前向きな気持ちが芽生えた池田さんは、以来、再び野球と向き合い、指導するようにもなったという。

そんな姿を見つめ、支えてきた奥さんからの手紙には、「選手を信じて、ファンを信じて、という栗山監督の信念は、生前、池田が言っていたこととまったく一緒でした」とあった。

池田さんは1972年のオールスターゲームに出場し、第3戦でMVPを獲得している。手紙にはそのときのカードが添えられていた。

すぐに僕は、御礼の手紙を書いた。

僕たちはたくさんの野球界の先輩たちのおかげで、いま、こうして野球をやらせてもらっている。その大切な先輩のひとりである池田さんに感謝を。そして、きっと一度は、野球で心に深い傷を負ったはずの奥さんが、旦那さんが亡くなったいまも、変わらず野球を応援してくれていることに感謝を。

奥さんが、池田さんと結婚して良かった、プロ野球選手と一緒になって良かったと、これからもずっと思い続けてもらえるように、後輩である僕たちは頑張らなければならない。ファイターズというチームが、そういう存在になれればと思っている。

プロ野球とはなんなのか。

プロ野球選手はなんのためにプレーするのか。

野球を好きでいてくれる、野球を愛してくれている人たちの生き甲斐のため、そういう人たちに喜んでもらうためにプロ野球はある。1年間現場に立って、強くそう思った。すなわちそれは、自分自身のためでもある。

少しでも喜んでもらえた、そう思えることが僕の幸せだ。自分が頑張ってきたことで、喜んでくれる人がいる、それを感じることほど嬉しいことはない。そう思わせてくれる人がいるということが、なによりのやりがいだ。

脚本家の倉本總さんに、こんなことを教えてもらった。

「人間という生き物は、感動を共有できる唯一の動物だと思う。感動する動物は他にもいる。馬なんか子別れすると泣くし。でも、感動を共有して、見知らぬ人同士が一カ所に集まって泣いたり笑ったりする、これは人間にしかない。だから野球場ができる、映画館ができる、芝居小屋ができる」

人が同じ時間に、同じことを感じるからこそ生まれるものがある。そして、それは共鳴して、増幅する。人は感動を分かち合うことができる動物なのだ。

一試合一試合、優勝という唯一の目標に向かって、みんなでハラハラドキドキして、喜んで、泣いてというのが、チームの一番のモチベーションだと思う。そういうものをみんなが理解していれば、進む方向は絶対に間違わない。

いま、ファイターズはそれができている。だから強いんだ、そう信じている。

伝《つた》える。言葉《ことば》より強《つよ》い武器《ぶき》はない

著者　栗山《くりやま》 英樹《ひでき》

2013年4月5日　初版第一刷発行
2013年4月25日　初版第二刷発行

構成　伊藤 滋之
協力　北海道日本ハムファイターズ
テレビ朝日
株式会社タイズブリック
写真　高須 力
PANA通信
著者提供
装丁　mashroom design

発行者　菅原 茂
発行所　KKベストセラーズ
東京都豊島区南大塚二丁目二十九番七号
〒170-8457
電話　03-5976-9121(代表)
振替　00180-6-103083
印刷所　錦明印刷
製本所　積信堂
DTP　オノ・エーワン

ISBN978-4-584-13484-9　C0095